SPANIEN

11 ABBILDUNGEN, 3 KARTEN

DIE DEUTSCHEN UND IHRE NACHBARN

WALTER HAUBRICH
SPANIEN

C.H.BECK

HERAUSGEGEBEN VON
Helmut Schmidt und
Richard von Weizsäcker

HELMUT SCHMIDT
RICHARD VON WEIZSÄCKER
GELEITWORT

Zum ersten Mal seit vielen Jahrhunderten herrscht heute Frieden in Europa. Aus freiem Willen und ohne Zwang von außen haben wir uns als Nationen auf einen unumkehrbaren Weg gemacht, der weltweit ohne Beispiel ist. Im Jahre 1950 begann die europäische Integration zwischen sechs Ländern. Inzwischen hat sie sich zu einer Union von 27 Ländern entwickelt. Die Hälfte der Mitgliedsstaaten hat heute eine gemeinsame Währung.

Für Europa gab es auf diesem Weg große Erfolge und in Verbindung mit ihnen neue Schwierigkeiten. Immer mehr Länder suchten die Mitgliedschaft und wurden aufgenommen. Umso deutlicher wurde der dringende Bedarf nach gemeinsamer europäischer Handlungsfähigkeit, bis hin zum Fernziel einer gemeinsamen Außenpolitik. Zuletzt haben dies die Auseinandersetzungen um eine europäische Verfassung deutlich genug gezeigt.

Für eine weitsichtige politische Führung spielt das Bewusstsein der Bürger in unseren Ländern eine prägende Rolle. In Europa leben zahlreiche Völker mit ihrer zum Teil über tausendjährigen Geschichte. Sie haben vielfältige gemeinsame kulturelle und religiöse Wurzeln und sind zugleich durch eigenständige Sprachen und Heimatgefühle gekennzeichnet. Die Bildung eigener Nationen ist dabei zu einem Charakteristikum des europäischen Kontinents geworden.

Unsere Reihe «Die Deutschen und ihre Nachbarn» soll einen Beitrag dazu leisten, das Verständnis für die jeweiligen Nachbarländer in Europa zu vertiefen. Dies gilt vor allem für uns Deutsche, die wir neun unmittelbare Nachbarnationen haben, mit denen wir heute zum ersten Mal in unserer Geschichte zusammenleben, ohne uns gegenseitig zu bedrohen. Ein besseres Verständnis unserer Nachbarn hilft uns auch, uns selbst besser einzuschätzen, indem wir uns durch die Augen unserer Nachbarn betrachten und uns vergegenwärtigen, welche historischen Erfahrungen sie mit uns gemacht haben.

Es geht uns in unserer Reihe darum, der Leserschaft auf knappe und anschauliche Weise Einblick in Politik, Gesellschaft und Kultur der jeweiligen Nachbarländer zu geben. In ihren nationalen Besonderheiten wird dadurch auch ihr Verhältnis zu Deutschland besser verständlich. Es gilt, zu erkennen, was das nachbarliche Gemeinwesen ausmacht und in seinem Inneren zusammenhält, aber auch, welchen besonderen Herausforderungen es ausgesetzt ist. Dabei spielt die Geschichte eine besonders wichtige Rolle. Sie bedarf dort, wo sie Land und Leute bis heute nachhaltig prägt, der Erinnerung auch über die Landesgrenzen hinweg.

Es ist nicht das Ziel unserer Reihe, lexikalisches Grundwissen zur politischen Bildung zu vermitteln. Uns geht es vielmehr um lebendige Anschauung der Lebensverhältnisse bei den Nachbarn, auch um unsere Kenntnisse über das hinaus zu vertiefen, was wir auf vielerlei Reisen in uns aufnehmen. Es gilt, uns auch von mancherlei Vorurteilen untereinander zu befreien.

Wir freuen uns, dass hervorragend ausgewiesene Kenner für «Die Deutschen und ihre Nachbarn» zur Feder greifen und ihr in Jahrzehnten erworbenes Wissen weitergeben. Wir sind dankbar dafür, dass hier Publizisten und Wissenschaftler zusammenwirken und uns ihre unterschiedlichen Einsichten nahebringen. Gerade ihr persönlicher Blickwinkel erscheint uns besonders reizvoll.

Die Bände dieser Reihe zeigen uns, dass Europa weit davon entfernt ist, sich in eine Monokultur zu verwandeln. Es gilt, seine reichen historisch-kulturellen Ressourcen in unserem Jahrhundert für ein geeintes Europa politisch fruchtbar zu machen. Herausgeber und

Autoren verbindet die Überzeugung, dass der Weg zu einem wirklich handlungsfähigen und starken Europa nur durch vertiefte Kenntnisse über unsere europäischen Nachbarn und über uns selbst erfolgreich zurückgelegt werden kann.

11 EINLEITUNG

15 1 TRANSICIÓN – VON DER DIKTATUR ZUR DEMOKRATIE

Zwischen Frankismus und demokratischer Öffnung · Konsens der «beiden Spanien» in den Anfangsjahren der Demokratie · Putschgefahr · Sozialisten und Konservative in Frontstellung · Späte Vergangenheitsbewältigung · Die Volkspartei als rechtes Auffanglager · Pragmatismus nach dem Ende der Diktatur

35 2 DER BÜRGERKRIEG, EINE SCHWERE POLITISCHE LAST

Fronten · Ausländische Parteinahme · Monarchie ohne König · Der Bürgerkrieg und die Intellektuellen · Von den Sowjetkommunisten enttäuscht · Mythenbildung

43 3 «SPANIEN IST DAS PROBLEM, EUROPA DIE LÖSUNG»

Wirtschaftsreformen noch unter Franco · Der lange Weg in die EU · Das NATO-Referendum · Begeisterung für die Einheit Europas

51 4 DIE DEUTSCH-SPANISCHEN BEZIEHUNGEN

Hitler und Franco · Die Blaue Division · Deutsche Nationalsozialisten in Francos Spanien · Deutsche Hilfe bei der Demokratisierung · Die SPD, der PSOE und Felipe González · Dauerhafte Unterstützung: Brandt, Schmidt, Kohl

65 5 ARABISCHE HERRSCHAFT, RECONQUISTA UND INQUISITION

Al-Andalus · Sieg über die Mauren · Die gefürchtete Inquisition · Das heutige Verhältnis zu den Arabern

75 6 SPANIENS EIGENER WEG IN DER EUROPÄISCHEN GESCHICHTE

Widerstand gegen Napoleons Herrschaft in Spanien · Die Verfassung von Cádiz und Ferdinand VII. · Die Pronunciamientos und die kurzlebige Erste Republik · Liberale Bildung und Krausismus · Der Verlust des Weltreichs · Das Kuba-Trauma und die Generation von 1898 Opfer und Kämpfer: Die Generation von 1927

91 7 KLERIKALISMUS UND ANTIKLERIKALISMUS

Volk gegen Klerus · Kirchliche Unterstützung für Franco · Distanz zum Regime unter Kardinal Tarancón · Kritik an der Regierung Zapatero

101 **8 DIE ANARCHISTISCHE BEWEGUNG**

Der «bewußte Arbeiter» und die direkte Aktion · Sozialisten und Gewerkschaften · Die Anarchisten im Bürgerkrieg · Widerstand unter Franco und Zersplitterung

109 **9 DIE BEZIEHUNGEN ZU IBEROAMERIKA**

Lateinamerika – Hispanoamerika – Iberoamerika · Spanische Hilfe für die iberoamerikanische Demokratisierung · Das spanische Weltreich · Der Status der Indios · Die Mestizen

121 **10 WELTSPRACHE SPANISCH**

Verbreitung und Pflege · Spanisch in der Europäischen Union · Die Bedeutung der Regionalsprachen

127 **11 STARKE SPANIERINNEN**

Politikerinnen der Zweiten Republik · Heldinnen aus dem Volk · Die Katholische Königin Isabella I.

133 **12 NATIONALES SELBSTBEWUSSTSEIN**

Spanien als Problem · Separatismus: Der Terror der Eta · Distanz zur Nation

139 **13 KULTURELLE STREIFLICHTER**

Die Rückkehr der Kunst nach Francos Tod · Der Film als satirische Abrechnung · Luis Buñuel · Literarische Vielfalt · Die deutsche Sprache in Spanien · Die Universitäten

155 **14 WIRTSCHAFTLICHE STÄRKEN**

Die Preußen des Südens? · Der Bauboom und sein Ende · Auswirkungen der Weltwirtschaftskrise · Zunehmendes Umweltbewusstsein · Handelspartner Deutschland · Wirtschaftsfaktor Tourismus

167 **ANHANG**

- 167 Zeittafel
- 170 Karten
- 173 Anmerkungen
- 175 Literaturhinweise
- 176 Bildnachweis

EINLEITUNG

Drei Jahrzehnte nach dem Ende der Diktatur im Jahr 1975 präsentierte sich das demokratische Spanien als das Land mit dem größten Wirtschaftswachstum innerhalb der Europäischen Union: über drei Prozent jährlich, im ersten Quartal 2007 waren es sogar vier Prozent. Die Arbeitslosenquote war die niedrigste der zurückliegenden 40 Jahre. Aus dem Land der Emigranten, der Menschen, die Arbeit im Ausland suchten, war ein Land der Immigranten geworden. Kein Staat der Union empfing 2007 so viele Ausländer auf Arbeitssuche wie Spanien: Immigranten aus Nord- und Schwarzafrika, aus Lateinamerika und auch aus Osteuropa. Erst die weltweite Finanz- und Wirtschaftskrise hat 2009 auch Spanien in die Rezession gezogen und wieder eine drastische Zunahme der Arbeitslosigkeit verursacht, die Anfang 2009 die höchste innerhalb der Europäischen Union war.

Die deutlichen Fortschritte der spanischen Wirtschaft verliefen parallel zur Demokratisierung des Landes. Die neue spanische Demokratie bewirkte, vor allem unter den beiden ersten Regierungen von Felipe González ab 1982, auch große Änderungen in der sozialen Struktur der Bevölkerung. Während Mitte der 70er-Jahre, kurz nach dem Tod des Diktators Franco, nach internationalen Statistiken noch 40 Prozent der spanischen Bevölkerung in Armut lebten, waren es am Ende des darauffolgenden Jahrzehnts nur noch 12 bis 15 Prozent. Der Beitritt zur Europäischen Gemeinschaft half mit, den Wohlstand der Bevölkerung zu vergrößern. Spanien erhielt

Geld aus Brüssel, vor allem für die Verbesserung der Infrastruktur. Die spanische *Transición*, der weitgehend friedliche Übergang von der Diktatur zur Demokratie, ist in anderen Teilen der Welt zu einem nachahmenswerten Beispiel geworden. So im iberischen Amerika, das immer auf Spanien schaute und von den 70er-Jahren bis in die 90er Militärdiktaturen in parlamentarische Demokratien umwandelte. Ähnliches gilt auch für Ost- und Mitteleuropa nach dem Fall der Berliner Mauer.

Francisco Franco starb am 20. November 1975 nach langer Agonie und erhielt ein Staatsbegräbnis mit allen Ehren in einer Heldengedenkstätte des Bürgerkriegs, dem Valle de los Caídos 40 Kilometer nordwestlich von Madrid. In den ersten Monaten nach dem Tod des Diktators schien Spaniens Zukunft vielen Beobachtern alles andere als gewiss. Nach acht Jahren Republik (1931–1939) und drei Jahren Bürgerkrieg (1936–1939) hatte Franco nach seinem Sieg über die republikanischen Truppen fast 40 Jahre lang diktatorisch geherrscht. Offiziell hatte er Spanien wieder zur Monarchie erklärt und den Enkel des Bourbonen-Königs Alfons XIII. (1886–1941), welcher 1931 sein Land fluchtartig verlassen hatte, zu seinem Erben gemacht. So wurde Juan Carlos I. (geb. 1938) am 22. November 1975 König. Viele Spanier sahen der Zukunft mit Furcht entgegen, die einen, weil sie von schwer einschätzbaren Nachfolgern Francos einen noch härteren Repressionskurs erwarteten, andere, weil sie die Rache der Opfer fürchteten. Franco hinterließ kein versöhntes Volk, wenn auch der Zahn der Zeit einige Schärfen abwetzen konnte. Der Bürgerkrieg, verstanden als die langwierige Auseinandersetzung zwischen zwei durch einen breiten ideologischen und sozialen Graben getrennten Spanien, dauerte auch nach dem Tod des Diktators noch fort: hier die ärmere, eher liberal oder links eingestellte Bevölkerung, dort das erzkonservative, katholische und wirtschaftlich bessergestellte Bürgertum sowie die mächtigen Großgrundbesitzer.

Spanien unterschied sich am Ende der Franco-Diktatur noch gewaltig von den demokratischen Ländern der Europäischen Gemein-

Berichte über den Tod des Diktators Franco in den Zeitungen

schaft, der sich die meisten Spanier so bald wie möglich anschließen wollten. In der rechtsgerichteten Diktatur konnte die Bevölkerung ihre Politiker nicht wählen, es gab keine Presse- und keine Versammlungsfreiheit. Die Gerichte wurden von der Regierung kontrolliert.

Noch am 27. September 1975 waren fünf politische Gegner Francos, angeklagt wegen Mordes an Polizisten, hingerichtet worden. Ihre Schuld war in dem Schnellverfahren vor dem Kriegsgericht nicht bewiesen, rechtsstaatliche Vorgehensweisen nicht beachtet worden, wie die wenigen zugelassenen Juristen und ausländischen Journalisten übereinstimmend feststellten. Der Diktator hatte im letzten Jahr seines Lebens noch einmal auf die brutalen Herrschaftsformen zurückgegriffen, mit denen er nach seinem Bürgerkriegssieg Angst und Schrecken verbreitet und sein Regime gefestigt hatte. Bei Francos Tod war Spanien vermutlich gerade deshalb eines der wenigen Länder Westeuropas, dessen Menschen sich in ihrer großen Mehrheit in Umfragen gegen die Todesstrafe aussprachen.

Die Demokratie wurde den Spaniern gewiss nicht geschenkt. Sie wurde unter großen Opfern, auch Todesopfern, erkämpft. Allein im Winter 1975/76 streikten in Madrid über 200 000 Arbeiter und zogen Tag für Tag Tausende von Demonstranten mit den Rufen nach Amnestie und Freiheit für die noch inhaftierten politischen Gefangenen der Diktatur durch die Straßen zahlreicher Städte. Der viel bewunderte «friedliche» Übergang in Spanien hat mehr Menschenleben gekostet als der ein Jahr zuvor mit einem Militärputsch eingeleitete revolutionäre Prozess im Nachbarland Portugal. Die Toten, unter ihnen die von Rechtsextremen heimtückisch umgebrachten Arbeiteranwälte oder die Teilnehmer friedlicher Demonstrationen, werden jedoch heute keineswegs als Märtyrer der Demokratie gefeiert. Sie sind zum größten Teil vergessen. Die Politiker der Demokratie erinnern sich offensichtlich nicht gern daran, dass sie ihre gegenwärtige Machtstellung auch den Toten des Übergangs verdanken.

I
TRANSICIÓN – VON DER DIKTATUR ZUR DEMOKRATIE

ZWISCHEN FRANKISMUS UND DEMOKRATISCHER ÖFFNUNG

Zwei Tage nach dem Tod des Diktators wurde Juan Carlos I. als König und Staatsoberhaupt vereidigt. So hatte es Franco 1969 selbst bestimmt. Schon aus der Thronrede des jungen Königs wurde allerdings deutlich, dass er einen politischen Wandel zu einer modernen Demokratie westlichen Zuschnitts wollte, auch wenn er sich noch vorsichtig ausdrückte, um die regierenden frankistischen Kräfte nicht zu provozieren. Einen Monat später sprach der König dann bereits von mehr Freiheiten und Rechten für die spanische Bevölkerung und von einer Reform der staatlichen Institutionen. Er kündigte die Zulassung von politischen Vereinigungen an, Vorstufen politischer Parteien. Der frankistische Regierungschef Carlos Arias Navarro (1908–1989) blieb zunächst im Amt, bis er unter dem Druck von Massenkundgebungen im Juli 1976 vom König entlassen und durch Adolfo Suárez (geb. 1932) ersetzt wurde.

Der Übergang von der Diktatur zur Demokratie folgte keinem drehbuchähnlichen Plan – einen solchen hatten weder der König noch Adolfo Suárez als erster Ministerpräsident noch der sozialistische Oppositionsführer Felipe González (geb. 1942), obwohl diesen dreien besonders große Verdienste um die geglückte Transition zukommen. Die Ernennung von Suárez zum Ministerpräsidenten im Juli 1976 war jedoch, wie sich bald erwies, ein taktisches Meisterstück des Königs und seiner Berater. Adolfo Suárez, der zuvor als Staatssekretär weder durch Reden noch durch Taten für die Demokratie aufgefallen war, eher schon durch sein – wie man später sah, wohl opportunistisches – Bekenntnis zur falangistischen «Nationalen Bewegung» als Einheitspartei Francos, erregte kein Misstrauen bei den Frankisten und den Militärs. Er ließ die Anhänger des alten Regimes im Ungewissen über seine Pläne. Die faktische Macht musste ihnen mit viel Geduld, mit Tricks, auch mit Drohungen und falschen Versprechungen entzogen werden. In diesem Spiel erwies sich Suárez als ein Meister. Er kannte aus seinen langen Jahren in den Vorzimmern der Mächtigen des Franco-Regimes die Schwächen der noch amtierenden Funktionäre, wusste um die Eitelkeiten und auch um die Leichen in den Kellern der Abgeordneten des Ständeparlaments.[1]

König Juan Carlos I., Ministerpräsident Adolfo Suárez, Parlamentspräsident Torcuato Fernández Miranda und, solange man ihn ließ, auch der erste Außenminister nach Francos Tod, José María Areilza, wussten den Willen der Bevölkerung richtig zu interpretieren und erkundeten die Möglichkeiten, ihn ohne Bruch der damals bestehenden Gesetze politisch umzusetzen. Sie taten das mit großem Geschick, gestützt auf ihre genauen Kenntnisse über die Frankisten. Und die linke Opposition – Felipe González und Alfonso Guerra, Santiago Carrillo und Marcelino Camacho sowie in den eigenständigen Regionen Xavier Arzalluz, Jordi Pujol und Miquel Roca – sorgten umsichtig dafür, dass durchaus berechtigte Forderungen der demokratischen Opposition zunächst noch zurückgestellt wurden, um gewaltsame Reaktionen der extremen Rechten und von Seiten der Inhaber der faktischen Macht zu verhindern.

Der Franco-Staat hatte aber ungewollt nützliche Vorarbeit geleistet, durch die der Übergang zur Demokratie erleichtert wurde. Er hatte in seinen letzten Jahren nicht mehr verhindern können, dass die Spanier sich unter einer verkrusteten autoritären Administration in mancher Hinsicht schon so verhielten, als lebten sie in einer Demokratie. Vieles hatte sich bereits stillschweigend liberalisiert und demokratisiert. Es zirkulierten ausländische Filme und verbotene Bücher, die Gespräche in den Caféhäusern wurden immer offener, der Tourismus brachte neues Gedankengut ins Land, die Professoren und die Journalisten zeigten mehr Wagemut und äußerten sich kritisch zum Regime. Diesem fehlte es zuletzt an Energie und auch an treuen, überzeugten Mitarbeitern, um hart und konsequent gegen diese Entwicklungen vorzugehen.

Die wichtigste Ursache für die erstaunliche Schwäche eines nach außen hin mit Säbeln rasselnden und sich rhetorisch extrem selbstsicher gebenden Systems war das Fehlen einer Staatsideologie. Das Franco-Regime hatte sich in den verschiedenen Epochen seiner fast vier Jahrzehnte langen Herrschaft unterschiedliche, von außen geholte ideologische Mäntelchen übergezogen. Zunächst gab es sich faschistisch, mehr nach italienischem als nach deutschem Vorbild. Als die faschistischen Mächte dann den Krieg verloren, versuchte Franco sich flugs anzupassen, er drängte die faschistische Falangisten-Garde in der Führung seines Staates zurück und stärkte die konservativ-katholischen Verfechter eines traditionalistischen Ständestaates. Das waren gewiss keine Demokraten, doch wirkte ihr Habitus im westlichen Lager weniger schockierend als die so sehr an Mussolini erinnernden Falangisten. Die wirtschaftlichen Zwänge erforderten Anfang der 60er-Jahre allerdings einen erneuten Wechsel: Die braven, doch recht antiquierten Konservativen mussten Platz machen für autoritäre Technokraten, für Wirtschaftsstrategen, denen ideologische Fragen von drittrangiger Bedeutung waren. Sie verlangten vom Staat vor allem, dass er mit Militär und Polizei für Ruhe und Ordnung sorgte; öffentliche soziale Proteste, die ihr Wirken störten, waren mit aller Härte zu unterdrücken. Im privaten Bereich ließ man die Bürger hingegen freier denken, diskutieren oder schreiben – vorausgesetzt, sie trugen die Ergebnisse nicht in organisierten Gruppen auf die Straße.

Die vor allem im Ausland und gerade in Deutschland verbreitete Meinung, Franco habe sein Land auf die zukünftige Demokratie vorbereitet, ist jedoch eine fromme Legende, paradoxerweise erfunden von Leuten, denen der autoritäre General gerade wegen seiner Abneigung gegen den «dekadenten Demoliberalismus» – wie er die liberale parlamentarische Demokratie zu nennen pflegte – im Grunde sympathisch war. Die Institutionen des Franco-Regimes, Resultate einer antidemokratischen Ideologie, sollten nach dem Willen des Diktators ein demokratisches System nach seinem Tod unmöglich machen. Mit der von ihm gern und oft verbreiteten Versicherung «todo está atado y bien atado» («alles ist festgezurrt und sehr festgezurrt») hatte Franco zum Ausdruck gebracht, dass die von ihm geschaffenen Gesetze und Institutionen die Fortdauer des autoritären Systems garantieren würden. Er hatte sich getäuscht.

«Reforma o ruptura», die Reform des alten Regimes oder der klare Bruch mit ihm – darüber stritt man sich in den Jahren des Übergangs heftig. Schließlich erwies sich der Gegensatz zwischen *reforma* und *ruptura* als ein falscher Antagonismus: Die Ergebnisse der verschiedenen reformerischen Maßnahmen waren am Ende der klare Bruch mit dem alten System; das erreichte Ziel war die *ruptura* über den Weg der *reforma*.

KONSENS DER «BEIDEN SPANIEN» IN DEN ANFANGSJAHREN DER DEMOKRATIE

Die von spanischen Historikern immer wieder angeführten «beiden Spanien» (*las dos Españas*), das klerikal reaktionäre und das liberal linke, haben in gewisser Weise die gesamte spanische Geschichte der Neuzeit hindurch existiert. Sie zeigten sich schon im Wechsel zwischen intoleranten und liberalen Maßnahmen in der Zeit des Katholischen Königspaars, Isabellas I. und Ferdinands II. von Aragonien, am Ende des 15. Jahrhunderts; entscheidend war jeweils, auf welche politischen Gruppen sich das Paar gerade stützte. In den Karlistenkriegen im 19. Jahrhundert bekämpften die reaktionären Karlisten (Anhänger des Thronprätendenten Don Carlos) die sogenannten Liberalen, welche die Königin Isabella II. (1830–1904) unterstützten (siehe Kapitel 7, S. 92). Im Spanischen Bürgerkrieg standen die Liberalen und Linken den Konservativen und Faschisten gegenüber; beide Seiten wurden von ausländischen Freiwilligen unterstützt.

Auch in der ersten Legislaturperiode der neuen Demokratie waren diese beiden Spanien etwa gleich stark im Parlament vertreten. 1976 waren wieder Parteien zugelassen worden. Bei den ersten Wahlen im Juni 1977 ergab sich eine Zusammensetzung des Parlaments, die der in den europäischen Nachbarländern sehr ähnlich war. Es dominierten zwei gemäßigte Parteien: die Partei der rechten Mitte, die Demokratische Zentrumsunion (Unión de Centro Democrático, UCD) von Adolfo Suárez, und die gemäßigt linke Spanische Sozialistische Arbeiterpartei (Partido Socialista Obrero Español, PSOE) mit Felipe González an der Spitze. Diese beiden Parteien erreichten jede um die 30 Prozent der Stimmen, die UCD einige Abgeordnete mehr, wodurch Suárez das Amt des Ministerpräsidenten zufiel. Drittstärkste Fraktion war mit großem Abstand die Kommunistische Partei Spaniens (Partido Comunista de España, PCE) mit ihrem Generalsekretär Santiago Carrillo, einem schon aus der Zweiten Republik (1931–1939) und dem Bürgerkrieg bekannten Politiker. Die viertstärkste Partei war, wieder mit einigem Abstand, die von dem ehemaligen Minister der Diktatur, Manuel Fraga Iribarne, geführte Volksallianz (Alianza Popular, AP). Vertreten im Parlament waren auch die regionalistischen Gruppen aus Katalonien und dem Baskenland, die später mit ihren Stimmen mehrmals Minderheitsregierungen der Sozialisten und der Konservativen stützten.

In der UCD von Suárez hatten sich reformistisch gesinnte Politiker aus dem offiziellen Spanien des Franco-Regimes mit Repräsentanten der gemäßigten – in der Diktatur verbotenen – Opposition, mit Liberalen und Christlichen Demokraten, zusammengefunden. Diese Partei half mit, den großen Graben zwischen den beiden Spanien zu überbrücken. Als dieses Ziel zumindest teilweise erreicht war und eine solche Partei nicht mehr gebraucht wurde, verlor sie die Wählergunst und verschwand ab den Wahlen im Herbst 1982 nach und nach. Ihre Wähler schlossen sich der konservativen Volksallianz, heute Volkspartei (Partido Popular, PP), an, andere den von Felipe González geführten Sozialisten.

Die erste Legislaturperiode der neuen Demokratie stand im Zeichen eines großen Konsenses zwischen den Parteien, der es ermöglichte, eine von fast allen Abgeordneten (bis auf wenige Stimmen der Volksallianz) angenommene demokratische Verfassung auszuarbeiten. Der Konsens verlangte viele Opfer, vor allem von der Linken. Die faktische Macht lag in dieser Zeit noch in den Händen von Institutionen, die noch nicht demokratisiert waren, wie den Streitkräften und dem Großkapital. Die Generäle und Obristen waren in ihrer großen Mehrheit entschiedene Gegner der Demokratie; sie waren schließlich dazu erzogen worden, den liberalen Parlamentarismus mit allen Mitteln zu bekämpfen. Dank der Mäßigung der Linken gelang es, ihnen die Macht fast unbemerkt zu entziehen. Im Sommer 1976 erließ der König eine Amnestie, durch die wegen Delikten mit politischem Hintergrund Verurteilte freikamen. Ein weiteres Amnestiegesetz vom Oktober 1977 kam dann nicht mehr nur den während der Franco-Zeit verurteilten Gegnern des Regimes zugute, mit ihm wurden auch die Verantwortlichen und die Schergen des Regimes von jeder Strafverfolgung ausgenommen.

So saßen in den beiden ersten, 1977 und 1979 gewählten demokratischen Parlamenten ehemals Gefolterte neben ihren Folterern. Kommunisten, Sozialdemokraten und Regionalisten, die viele Jahre in den Gefängnissen der Diktatur verbracht hatten, unterhielten sich kollegial mit den zu Abgeordneten der Rechten gewordenen früheren Polizeichefs und Richtern, von denen sie einst in den Kerker geschickt worden waren. Adolfo Suárez, Felipe González und Santiago Carrillo wurden sich schnell einig über eine Politik des Konsenses. Im «Pakt von Moncloa» (1977; siehe Kapitel 14, S. 155) vereinbarten Regierung, Parteien, Gewerkschaften und Unternehmerverbände die dringendsten politischen, wirtschaftlichen und sozialen Maßnahmen für die darauffolgenden Jahre. Die vom spa-

Die Kommunistische Partei unter ihrer Präsidentin Dolores Ibarruri (genannt Pasionaria) unterstützte den von Adolfo Suárez geleiteten Übergang zur Demokratie

nischen Parlament ausgearbeitete, am 6. Dezember 1978 in einem Referendum mit großer Mehrheit angenommene und bis heute gültige Verfassung hat übrigens manches aus dem Grundgesetz der Bundesrepublik Deutschland übernommen, so etwa das konstruktive Misstrauensvotum.

Einen beachtlichen Beitrag zur Demokratisierung des Landes leistete auch die Presse. Die wichtigste Rolle spielte dabei die Tageszeitung «El País». Zu deren Startkapital trugen noch zu Zeiten Francos demokratische Regimegegner und reformbereite Mitarbeiter der Diktatur bei, auch einige große Firmen und Buchverlage. Zu Lebzeiten des Diktators hatte das Blatt jedoch nicht erscheinen können. Obwohl der für die Publikationserlaubnis zuständige Informationsminister Pío Cabanillas, der liberalste aller Minister Francos, Aktionär von «El País» war, waren alle entsprechenden Anträge der Zeitung mit «administrativem Schweigen» beantwortet worden, was im

Spanien der Diktatur einer Ablehnung gleichkam. «El País», das eine Politik der linken Mitte vertrat (und bis heute vertritt), hatte somit keine für die Leser verdächtige Vergangenheit aus den Jahren der Zensur. Es fiel dem Blatt leicht, als die Zeitung der neuen Demokratie anerkannt zu werden. Fünf Jahre nach dem Erscheinen der ersten Ausgabe am 4. Mai 1976 war es nicht nur die einflussreichste Zeitung im Land geworden, sondern auch die mit der höchsten Auflage; das ist sie auch heute noch. «El País» gilt seit Langem als eine der besten Zeitungen Europas. Damit ist Spanien wohl das einzige europäische Land, in dem die anspruchsvollste Zeitung auch die am meisten verkaufte ist. Sensationslüsterne Massenblätter existieren auf dem spanischen Tageszeitungsmarkt nicht. Heute gehört «El País» zur großen Mediengruppe Prisa, die mehrere Fernseh- und Rundfunksender auch in Iberoamerika besitzt und eines der größten Aktienpakete an der französischen Tageszeitung «Le Monde» erworben hat. «El País» ist die Zeitung mit der umfassendsten Auslands- und Kulturberichterstattung. Aus ihren Leitartikeln holen sich viele Politiker der jungen Demokratie Ideen für ihr politisches Tun.

Auch das in den letzten Jahren der Diktatur schon mutige Nachrichtenmagazin «Cambio 16» hat sich um die Demokratisierung sehr verdient gemacht. Die große Tageszeitung aus Barcelona, «La Vanguardia», strich das ihr von Franco aufgezwungene Adjektiv «Española» aus ihrem Titel und verteidigte von einem liberalen Standpunkt aus den friedlichen Übergang von der Diktatur zur Demokratie. Die Madrider Zeitung «ABC», die sich häufig sehr willfährig gegenüber der Diktatur gezeigt hatte, wurde zur Vorkämpferin konservativer Ideen innerhalb der neuen demokratischen Verfassung von 1978. Andere Blätter verschwanden mangels Lesern schon in den ersten Jahren der Demokratie, so auch die rechtsextremistische Presse der Falangisten und Bürgerkriegsveteranen.

Suárez wurde von der äußersten Rechten, der uniformierten wie der zivilen, als Verräter an Francos Regime attackiert. Doch wusste er sich mit seiner Demokratisierungspolitik, der Zulassung von

Parteien, der Ausschreibung demokratischer Wahlen und der Verabschiedung einer neuen Verfassung in Übereinstimmung mit der Mehrheit des spanischen Volkes und auch mit dem spanischen König. Trotzdem trat Suárez am 29. Januar 1981, wenige Wochen vor einem Putschversuch rechtsgerichteter Militärs, überraschend von seinem Amt als Regierungschef zurück. Obwohl er immer gesagt hat, dass er von Putschabsichten eines Teils der Streitkräfte nichts gewusst habe, deuten doch einige Sätze in seiner Rücktrittserklärung darauf hin, dass er glaubte, ein anderer Ministerpräsident aus seiner Partei werde von den Militärs und einem Teil der faktischen Mächte in der Wirtschaft eher akzeptiert als er. Für seinen Verbleib, sagte er in seiner Fernsehansprache, hätte das spanische Volk wahrscheinlich einen höheren Preis zahlen müssen als für den Wechsel an der Regierungsspitze. Manchmal verlange die Kontinuität eines politischen Projektes eben den Wechsel der Personen. Und dann wörtlich: «Ich möchte nicht, dass das demokratische System und das friedliche Zusammenleben wieder einmal nur ein kurzes Zwischenspiel in der spanischen Geschichte sind.»[2]

PUTSCHGEFAHR

Zu dem spektakulären Putschversuch kam es am 23. Februar 1981 bei der Abstimmung im Parlament über Leopoldo Calvo-Sotelo (1926–2008) als Nachfolger von Adolfo Suárez im Amt des Ministerpräsidenten. Pistolen schwingende Angehörige der Guardia Civil unter Führung des Oberstleutnants Antonio Tejero besetzten den Saal und hielten die gesamte Regierung Suárez fest. Der König blieb als Einziger aus der Führungsspitze des Staates auf freiem Fuß. Durch ein Versehen – eine der Kameras hatten die Parlamentsbesetzer vergessen zu zerschlagen – wurde die Besetzung des Parlamentes direkt ins Ausland übertragen.

Der Putschversuch scheiterte dank der Ablehnung in der Bevölkerung, die sofort gegen die Erhebung protestierte, vor allem aber dank der mutigen Haltung des Königs und einiger verfassungstreuer

Militärs. Am Abend der Parlamentsbesetzung warteten die Spanier viele Stunden auf ihren König und Staatschef. Juan Carlos und seine engsten Vertrauten mussten zunächst herausfinden, wer in ihrer Umgebung, vor allem unter den Militärs, loyal geblieben und wer in den Staatsstreich verwickelt war. Der König ließ in zahlreichen Telefongesprächen die Kommandanten der einzelnen Militärregionen wissen, dass er alles tun werde, um einen Erfolg des Staatsstreiches zu verhindern und die Fortsetzung der Demokratie zu garantieren. Um 1 Uhr 15 in der Nacht erschien endlich Juan Carlos im Fernsehen und hielt eine sehr kurze Ansprache.

Die meisten Zuschauer waren enttäuscht. Ihr Staatsoberhaupt sprach in diesem dramatischen Moment nicht von der Rettung der Demokratie, forderte die Bevölkerung zu keiner Aktion zur Verteidigung des bestehenden politischen Systems auf, sondern bat sie nur darum, Ruhe und Vertrauen zu bewahren. Juan Carlos wiederholte in seiner Ansprache einen Befehl, den er den Streitkräften gegeben hatte: «Angesichts der Situation, die durch die Vorfälle im Parlament entstanden ist, und um mögliche Unruhe zu vermeiden, bestätige ich, dass ich den zivilen Behörden und der Junta der Stabschefs der Streitkräfte befohlen habe, alle notwendigen Maßnahmen zu treffen, um die verfassungsmäßige Ordnung im Rahmen der bestehenden Gesetze aufrechtzuerhalten. Jede militärische Aktion, die in diesem Zusammenhang notwendig werden sollte, bedarf der Zustimmung des Generalsstabs. Die Krone, Symbol der Beständigkeit und der Einheit des Vaterlandes, kann keine Handlungen und Aktionen hinnehmen, die bezwecken, den verfassungsmäßigen Prozess aufzuhalten, dem das spanische Volk durch ein Referendum seine Zustimmung gegeben hat.»[3] Den Generalkapitän der Region Valencia, Jaime Milans del Bosch, forderte der König in einem Telefongespräch auf, die Truppen sofort von den Straßen seiner Region zurückzuziehen. Die knappe Rede richtete sich, wie Formulierung und Sprache zeigen, gezielt an diejenigen Militärs mit Kommandogewalt, die noch unentschieden oder möglicherweise dabei waren, sich dem Putsch anzuschließen.

Sie erhielten einen sehr klaren und unmissverständlichen Befehl von ihrem Oberkommandierenden, dem König. Wichtig und damals für manche Spanier gar nicht so selbstverständlich war der Hinweis im letzten Satz auf die vom spanischen Parlament erlassene und von der Bevölkerung bestätigte Verfassung. In dieser Verfassung war Spanien als konstitutionelle Monarchie definiert worden, und auf diese gründete sich die Legitimität des Königs als spanisches Staatsoberhaupt.

Doch die Macht des Königs in jener entscheidenden Nacht beruhte eher auf dem falschen, undemokratischen Verständnis von Legitimität auf Seiten der frankistischen Militärs: Sie glaubten an die bestimmende Macht eines einzigen Mannes. Für sie war Juan Carlos legitimer Staatschef und Oberkommandierender, weil ihn der Diktator Franco, bei dem alle Macht im Staate gelegen hatte, zu seinem Nachfolger auserwählt hatte. Die putschenden Generäle und Offiziere wurden festgenommen und in einem ein Jahr später begonnenen Prozess vor dem Militärgericht zu hohen Strafen mit bis zu 30 Jahren Gefängnis verurteilt.

Der Putsch war die schärfste Attacke gegen das neue demokratische Spanien. Die Kenntnis der Hintergründe dieses Staatsstreichversuches, des Wunsches nach Rückkehr zur Diktatur, und das blamable Verhalten seiner Protagonisten vor dem Militärgericht, wo sie sich gegenseitig die Verantwortung zuschoben, hatte allerdings auch positive Konsequenzen. Kaum jemand bekannte sich danach noch offen zu den politischen Zielen der Putschisten,

Während der kurzen Regierung von Leopoldo Calvo-Sotelo vom 25. Februar 1981 bis zum 1. Dezember 1982 und noch in den Jahren danach war die Angst vor einer erneuten Intervention der Streitkräfte jedoch immer präsent. Sie führte die demokratischen Parteien noch enger zusammen. Spanien sei eine wachsame Demokratie, pflegte der Ministerpräsident zu sagen – «eher eine von den Uniformierten überwachte», fügten dann andere Politiker hinzu. Die Regierung der überwachten Demokratie versuchte in der Folge, sich in den Streitkräften Freunde zu machen. Militärs, die verdächtigt wurden, an der Verschwörung und den Putschvorbereitungen beteiligt gewesen zu sein, wurden nicht festgenommen, sodass schließlich nur die im besetzten Parlament *in flagranti* ertappten Akteure vor Gericht standen. Andere hohe Militärs, die nicht gerade als Verteidiger der Demokratie galten, wurden befördert. Der damalige Verteidigungsminister, der Liberale Alberto Oliart, gab in privaten Gesprächen die Sympathiewerbung der Regierung unter den undemokratischen Offizieren zu, allerdings würden ihnen bei der Beförderung nur bürokratische Stellen, also keine Kommandos über Truppen, gegeben. Der eine oder andere von ihnen wurde als General zur NATO-Verwaltung nach Belgien geschickt, wo er zumindest kein größeres Unheil anrichten konnte. Der schnelle NATO-Beitritt Spaniens unter Calvo-Sotelo wurde inoffiziell auch damit begründet, die neue Beschäftigung der spanischen Generalität im Nordatlantischen Bündnis werde diese von politischen Abenteuern abhalten. Zahlreiche Militärs glaubten allerdings immer noch, im Staate gebe es unabhängig voneinander eine zivile und eine militärische Gewalt. Wenn die zivile Macht die militärische Macht respektiere, so würden sie auch die zivile Macht – die Regierung und das Parlament – respektieren, pflegten hochrangige Militärs damals zu sagen.

Im Laufe des Jahres 1982 wurden die Anzeichen eines Wahlsiegs der von Felipe González geführten Spanischen Sozialistischen Arbeiterpartei (PSOE) immer deutlicher und damit auch die Angst in der Bevölkerung vor einem militärischen Eingreifen größer. Einige Generäle und Admirale, die glaubten, es mit der Demokratie gut zu meinen, versprachen in großmütigen Gesten, sogar eine Regierung der Sozialisten zu dulden. Schon eine solche Äußerung war ihnen eigentlich verboten. Drei Wochen vor den Parlamentswahlen Ende Oktober 1982 wurde tatsächlich noch einmal eine Verschwörung mit Putschvorbereitungen entdeckt. Eine Reihe von Offizieren, die damals sogar die Beschießung des Königspalastes eingeplant hatten, wurden festgenommen. Felipe González machte in seiner Rede zur Amtsübernahme – und danach in zahlreichen Ansprachen und

Kasernenbesuchen – eindeutig klar, dass es in Spanien nur eine Gewalt gab – die der demokratisch gewählten Regierung. Ihr hatten sich Zivilisten wie Militärs unterzuordnen, eine Einmischung der Generalität in die Politik war nicht mehr zulässig.

Der große Wahlsieg der Sozialisten, die schon in der von Franco im Bürgerkrieg besiegten Republik die stärkste Partei gewesen waren, und die Entschlossenheit der neuen Regierung ließen die Putschgefahr allmählich verschwinden – vielleicht auch, weil die extrem rechten Militärs nun einsahen, dass eine Verschwörung gegen die breite Mehrheit der spanischen Bevölkerung aussichtslos war. Zu emotionalen Protesten gegen spanische Minister kam es jedoch noch bei Trauerfeiern für von der baskischen Separatistenorganisation Eta getötete Offiziere und Polizisten. Der erste sozialistische Verteidigungsminister, der Katalane Narcís Serra, zeigte zwar Verständnis für die Streitkräfte, doch untersagte er den Militärs alle Äußerungen zur Politik des Landes. Noch 2006 musste ein kommandierender General außer Dienst gestellt werden, weil er das Projekt eines neuen Autonomiestatutes für Katalonien öffentlich kritisiert hatte.

SOZIALISTEN UND KONSERVATIVE IN FRONTSTELLUNG

Ab 1983 blieb Spaniens Demokratie wachsam, doch fühlte sie sich nicht mehr überwacht. Der Konsens zwischen den Parteien dauerte weiterhin an. Die spanische Rechte bemühte sich in den ersten 15 Jahren nach Beginn der *Transición* um ein demokratisches Verhalten und vermied in ihren Reden wie in ihren Taten alles, was ihre Herkunft als Sympathisanten der Diktatur hätte verraten können. Und die Opposition der Sozialisten gegen die Regierung Adolfo Suárez vergaß nie das übergeordnete Staatsinteresse. Das Gleiche gilt für die Volksallianz-Opposition unter Manuel Fraga Iribarne (geb. 1922) in den ersten Jahren der Regierung González. Erst als José María Aznar (geb. 1953) 1990 Vorsitzender der in Volkspartei (PP) umbenannten konservativen Volksallianz wurde, änderten sich Ton und Inhalt der Oppositionspolitik. Aznar warf vielen von der Regierung

Zu Beginn der Transition:
Ein gelungener Schritt in die
Moderne, überwacht von der
Guardia Civil

ernannten Beamten immer wieder Korruption vor. Neben dem einen oder anderen tatsächlichen Fall, wie dem des Polizeichefs Luis Roldán, waren auch viele Korruptionsvorwürfe dabei, die sich später als erfunden herausstellten. Der am häufigsten vorkommende Satz in Aznars Parlamentsreden war «Váyase, Señor González» («Verschwinden Sie, Herr González»). Die wirklichen Fälle von Korruption waren sicher auch einer der Gründe dafür, dass Felipe González im März 1996 nach fast 14-jähriger Amtszeit die Parlamentswahlen mit einem Prozent weniger Stimmen als José María Aznar verlor.

Auch in der ersten Legislaturperiode der sozialistischen Regierung von José Luis Rodríguez Zapatero (2004–2008), die Aznar nach acht Jahren ablöste, war von dem Konsens der ersten Jahre der Transition nichts mehr zu spüren. In keinem anderen europäischen Land griff die Opposition die Regierung in so grober, ja beleidigender Form an, wie das die spanische Volkspartei unter Oppositionsführer Mariano Rajoy tat. Die Konservativen lehnten systematisch alles ab, was die Regierung vorschlug. Selbst die Bekämpfung des baskischen Terrorismus, bei der früher Regierung und Opposition immer zusammengestanden hatten, nutzte die Volkspartei zu derben Angriffen auf die Regierung und zur Beschimpfung des Ministerpräsidenten aus. Sie blieb mit ihrem ständigen «Nein» zur Regierungspolitik allerdings meist allein. Die übrigen, kleineren Oppositionsparteien stimmten so gut wie immer mit der Regierung, so etwa bei den Gesetzen, die auf eine größere soziale Sicherheit der Bevölkerung zielten oder den autonomen Regionen mehr Kompetenzen gaben. Bei den ständigen Polemiken scheuten der Parteivorsitzende Mariano Rajoy und sein damaliger Generalsekretär Ángel Acebes auch nicht vor offenen Lügen zurück. So organisierten sie eine große Demonstration gegen die angebliche Absicht der Regierung, die Region Navarra mit dem Baskenland zu vereinen, obwohl die sozialistische Regierungspartei diese Vereinigung offen ablehnte.

Der seit vielen Jahren in Paris lebende spanische Schriftsteller Jorge Semprún meint, Spanien sei wieder in die Politik des *frentismo*, der ständigen Frontstellung, zurückgefallen, die mit einem starren Dogmatismus im Denken verbunden sei. «Die spanische Rechte», so Semprún, «ist in dem Glauben erzogen worden, dass ihr durch ein göttliches Recht die Macht im Lande immer zusteht. Dieses Dogma steht im Gegensatz zu den komplexeren Ideologien und der Vielfalt der Regionen des Landes, das im Gegensatz etwa zu Frankreich nicht durch eine gut funktionierende einheitliche Administration zusammengehalten wird. Die spanische Rechte und auch Teile der Linken wollen nicht verstehen, dass die Realität oft widersprüchlich ist, und können nicht zwei widersprüchliche Tatsachen akzeptieren. Die Spanier denken zu wenig dialektisch. Die spanische Philosophie ist, mit Ausnahme Ortegas, dogmatisch.»[4]

In der zweiten Legislaturperiode der Regierung Zapatero (seit 2008) ist die von Semprún beschriebene Frontstellung weniger präsent. Die Volkspartei hat nun Zusammenarbeit bei wichtigen politischen Fragen angeboten, den aggressiven Ton im Parlament gemäßigt und die radikalsten rechten Mitglieder aus der Parteiführung entfernt.

SPÄTE VERGANGENHEITSBEWÄLTIGUNG

Die Spanier – das sieht man auch an der Aggressivität und Gereiztheit der Politiker noch Jahrzehnte nach dem Ende der Diktatur – sind immer noch kein versöhntes Volk. Die beiden Fronten aus dem Bürgerkrieg bestehen weiterhin. Innerhalb der konservativen Volkspartei, die von 1996 bis 2004 regierte, wird inzwischen die – absurde – These verbreitet, vor 70 Jahren, also mit dem Bürgerkrieg, der mit der Erhebung Francos gegen die Zweite Republik begann, seien die «beiden Spanien» verschwunden. Es wäre eine sehr blutige Form von Versöhnung gewesen!

Der ernsthafte Versuch einer Versöhnung der Spanier nach 1975 war vor allem ein Verdienst der politischen Linken, der vier Jahrzehnte lang harten Verfolgungen ausgesetzten Spanier. Für eine genaue Beschäftigung mit der jüngsten Vergangenheit, dem Bürgerkrieg und der Diktatur, blieb in den ersten Jahren der Transition keine Zeit. Die Angst vor einer Reaktion der demokratiefeindlichen Rechten, unter denen viele kommandierende Militärs waren, hielt auch die linken Parteien, die Opfer der frankistischen Repression, davon ab, eine Vergangenheitsbewältigung einzuleiten. Selbst in der langen Regierungszeit des Sozialisten Felipe González fand keine Aufarbeitung statt. Die nächste sozialistische Regierung, unter José Luis Rodríguez Zapatero, hat jedoch den Entwurf eines Gesetzes «zur historischen Erinnerung» vorgelegt, der 2007 vom Parlament verabschiedet wurde. Die politischen Opfer beider Seiten im Bürgerkrieg und in der Diktatur sind dadurch rehabilitiert und als unschuldig anerkannt worden, unter ihnen die über 100 000 nach dem Ende des Bürgerkriegs hingerichteten Anhänger der Republik. Bei den durch das Gesetz rehabilitierten Opfern handelt es sich fast ausschließlich um die Verurteilten und Hingerichteten der republikanischen Seite. Die Opfer der sogenannten nationalen Seite, die Opfer unter den Franco-Anhängern also, waren vier Jahrzehnte lang als Helden gefeiert worden, während die Angehörigen der umgebrachten Republikaner ihre Toten nicht einmal öffentlich erwähnen durften.

Inzwischen hat eine private Initiative von Kindern und Enkeln der Hingerichteten erreicht, dass nun, nach vielen Jahrzehnten, die von ihren Henkern gewöhnlich in Massengräbern verscharrten Leichen ausgegraben und auf Friedhöfen beerdigt werden. «Massengräber mit den Leichen von 130 000 zwischen 1936 und 1951 Ermordeten durchkreuzen unser Land, die Felder und Wälder Spaniens, wie eine lange und düstere Narbe», schreibt der Schriftsteller Benjamín Prado, der zahlreiche solcher geöffneten Gräber besucht hat.[5] Die Regierung hielt mehr als eine moralische Ehrenrettung der republikanischen Opfer jetzt, nach so vielen Jahren, für nicht möglich. Der Untersuchungsrichter Baltasar Garzón allerdings hat im August 2008 von den Gemeinden und den katholischen Kirchenämtern Listen der nach Francos Sieg erschossenen und verschwundenen Spanier angefordert.

DIE VOLKSPARTEI ALS RECHTES AUFFANGLAGER

Politiker der heutigen konservativen Volkspartei hatten zu einem beachtlichen Teil schon in der Diktatur politische Ämter innegehabt; andere kamen aus Familien, die dem Franco-Regime eng verbunden gewesen waren, oder aus dem traditionalistischen, reaktionären Bevölkerungsteil und standen unter dem direkten Einfluss von katholischen Würdenträgern, die den sogenannten spanischen Nationalkatholizismus vertraten. Diese überaus konservativen Katholiken wurden wegen ihrer engen Bindung an die Diktatur in der zweiten Hälfte des Franco-Regimes von den Päpsten Johannes XXIII. (1958–1963) und Paul VI. (1963–1978) in ihrer Karriere nicht gefördert, sodass die Führung der spanischen katholischen Kirche damals als fortschrittlich innerhalb Europas galt. Das hat sich inzwischen geändert, weil Papst Johannes Paul II. (1978–2005) die Bischofsposten vorwiegend mit konservativen Prälaten besetzte. Auch der Einfluss der konservativen, von einem Spanier gegründeten Organisation Opus Dei hatte sich unter Franco innerhalb der Kirche verstärkt; ihr gehörten zudem wichtige Minister an. Derzeit hat Opus Dei in der Politik an Einfluss verloren. Allerdings sind nicht wenige Abgeordnete der Volkspartei Mitglieder der Organisation oder einer anderen katholischen Gruppierung, der noch weiter rechts stehenden «Legionäre Christi».

Über 90 Prozent der Spanier sind katholisch getauft, doch nur 20 Prozent der Einwohner des Landes praktizieren regelmäßig. Einige spanische Bischöfe, wie der Vorsitzende der spanischen Bischofskonferenz, der Madrider Kardinal Rouco, warnen unablässig vor der Gefahr des Laizismus und möchten dem Land den Katholizismus wieder zwangsverordnen, wie es unter Franco der Fall gewesen war. Doch die demokratische Verfassung von 1978 hat die Trennung von Staat und Kirche festgelegt. Daher war es auch für die Spanier ein neues und ungewohntes Schauspiel, als Volkspartei und katholische Kirche mehrere Demonstrationen gemeinsam anführten und Bischöfe auf der Straße beispielsweise gegen die Ehe zwischen Homosexuellen protestierten.

Bei den heftigen Debatten um ein neues Autonomiestatut für die Region Katalonien in den Jahren 2004–2006 appellierte die Volkspartei an einen schon vergessen geglaubten spanischen Nationalismus. Spanien war mit der neuen Verfassung zu einem «Staat der autonomen Regionen» geworden. Das war eine Änderung gegenüber dem zentralistischen Staatsmodell, das die Bourbonen-Könige ab 1700 aus Frankreich übernommen hatten. Der Staat der Autonomien gibt den insgesamt 17 Regionen allerdings weitaus weniger Rechte als ein föderalistischer Staat wie etwa die Bundesrepublik Deutschland. Trotzdem malt die spanische Rechte bei jeder Diskussion über neue Kompetenzen für die Regionen oder über eine territoriale Neuordnung des Landes das Schreckensbild vom «Ende der spanischen Einheit» an die Wand.

Der offene Nationalismus der Volkspartei hat auch in Brüssel Verwunderung hervorgerufen, ebenso die Tatsache, dass die spanischen Konservativen den Streit mit ihrer Regierung in Madrid bis ins Europaparlament tragen wollten. Der Partido Popular ist zwar in der Europäischen Volkspartei mit christlich-demokratischen Parteien anderer Länder verbunden, doch die Unterschiede etwa zur deutschen CDU sind groß: in der Ideologie wie im politischen Auftreten. Dem Partido Popular fehlt es zudem, um wirklich Volkspartei zu sein, an einem gewerkschaftlichen Flügel, an Verbindungen zu Arbeiterorganisationen und an Wählern in ärmeren Schichten.

Die nationalistischen Töne, wie sie in Spanien seit dem Frühjahr 2004 wieder zu hören sind, erinnern an die Rhetorik des Franco-Regimes und sind Anlass zur Sorge für viele Demokraten. Daneben bezeichnen sich in Spanien auch manche regionalistischen Parteien im Baskenland wie in Katalonien als Nationalisten. Diese Parteien streben vor allem nach mehr Autonomierechten für ihre Region; als Fernziel denken sie an einen eigenen Staat innerhalb des geeinten Europa. Sie sind im Gegensatz zu den spanischen Nationalisten europäisch gesinnt. Ihre Ansichten und ihre Politik sind jedoch oft sehr ausschließlich auf ihre engere Heimat bezogen.

TRANSICIÓN –
VON DER DIKTATUR ZUR
DEMOKRATIE

PRAGMATISMUS NACH DEM ENDE DER DIKTATUR

So polarisiert sich die spanische Politik bis heute zuweilen geben mag, so nationalistisch sich die Volkpartei gelegentlich äußert, aufs Ganze gesehen scheinen die Spanier nach dem Ende der Diktatur pragmatischer geworden zu sein. Utopien und die Lust, möglichst immer die radikalste Position zu vertreten, beschränken sich zunehmend auf die Debatten im Caféhaus. Es gibt derzeit keine nennenswerte rechtsextreme Partei oder Bewegung. Die meisten Rechtsextremen und die unbekehrbaren Anhänger der Franco-Diktatur haben sich heute in die Volkspartei integriert. Das schien zu Beginn der Transition ein Vorteil zu sein und ein Verdienst des damaligen Führers der Konservativen, Manuel Fraga Iribarne. Heute sehen manche Politiker im rechten Flügel des Partido Popular dennoch eine Gefahr für die demokratische Stabilität, zumal die Volkspartei die einzige Regierungsalternative zu den Sozialisten ist.

Linksextreme Parteien, Parteien also, die links von der Kommunistischen Partei Spaniens (PCE) stehen, welche mit ihrer eurokommunistischen Ideologie eine durchaus positive Rolle in der Transition übernahm, spielten im politischen Spektrum Spaniens nie eine wesentliche Rolle. Trotzkisten und dogmatische Kommunisten waren schon bald nach dem Tode Francos nur noch Splittergruppen. Eine systemfeindliche Partei bildeten die baskischen Separatisten mit der häufig umbenannten Batasuna, die aber inzwischen mithilfe eines – wenn auch umstrittenen – neuen Parteiengesetzes verboten ist, weil sie die Gewaltanwendung und einzelne Attentate der Eta (siehe Kapitel 12, S. 134 ff.) nicht verurteilt hat.

2
DER BÜRGERKRIEG, EINE SCHWERE POLITISCHE LAST

Als sich am 18. Juli 1936 die Militärs unter General Francisco Franco gegen die demokratisch gewählte Regierung der allerdings in chaotische Zustände geratenen Zweiten Republik (1931–1939) erhoben, handelte es sich nicht um einen weiteren raschen Staatsstreich, ein *Pronunciamento*, wie es sie so häufig in der spanischen Geschichte gegeben hatte (siehe Kapitel 6, S. 80). Drei Jahre lang tobte ein grausamer Bürgerkrieg, bis die putschenden Militärs siegten. Die Franco-Truppen eroberten gegen den teilweise erbitterten Widerstand der republikanischen Truppen der «Volksfront-Regierung» nach und nach das ganze Land. Nur Valencia, Katalonien und Madrid konnte die Volksfront bis fast zum Schluss verteidigen. Katalonien fiel im Januar und Februar 1939, Madrid am 28. März 1939 und Valencia einen Tag später – damit war der Bürgerkriegssieg der Nationalen Front unter Franco entschieden. Mit der offiziellen Siegeserklärung Francos am 1. April 1939 wurde die Republik abgelöst durch die Diktatur.

FRONTEN

Der Krieg war im Prinzip eine ideologische und soziale Auseinandersetzung zwischen den schon seit Langem existierenden beiden Spanien: Der ärmere Teil der Bevölkerung hatte 1936 die Volksfrontparteien gewählt, während sich die Grundbesitzer und das wohlhabende Bürgertum, einschließlich der ranghohen Militärs, gegen die Republik stellten. Es gab jedoch auch Ausnahmen: Viele Kleinbauern aus Altkastilien und León hatten rechts gewählt, wohingegen ein Teil des liberalen Bürgertums in den großen Städten und die gewiss nicht armen Intellektuellen, wie etwa die meisten Universitätsprofessoren, die linksgerichtete Republik unterstützten.

Häufig verliefen die Fronten auch quer durch die Familien: Kinder standen gegen ihre Eltern, Brüder gegen Brüder. Uralte Feindschaften zwischen den Familien in den Dörfern wurden durch Mordtaten im Krieg beglichen. Anhänger der extremen Linken ermordeten willkürlich Priester und Nonnen. Und die Reichen in den Städten der Mancha wurden in ihren Stammlokalen von eindringenden bewaffneten Milizen erschossen.

General Franco und die übrigen aufständischen Kommandanten des Heeres ließen die Städte nach ihrer Eroberung sofort systematisch von Gegnern und vermeintlichen Gegnern säubern – «zur Abschreckung», wie Franco später sagte. In Badajoz, der größten Stadt der Region Extremadura, trieben zeitgenössischen Berichten zufolge Francos Offiziere alle Gewerkschaftler und die Mitglieder linker Parteien in die Stierkampfarena und richteten die Maschinengewehre auf sie. Viele Hunderte wurden dort getötet.

Die Gräueltaten auf beiden Seiten während des Krieges werden aus heutiger Sicht noch übertroffen von der blutigen Repression durch die Sieger nach dem Ende des Bürgerkrieges, als die Waffen schon ruhten und in Spanien «Frieden» herrschte. In den Jahren nach Kriegsende kamen noch über 100 000 Spanier um. Sie wurden hingerichtet oder starben wie der große Dichter Miguel Hernández an Hunger oder nicht behandelten Krankheiten in den Kerkern der Sieger. Fast eine halbe Million Republikaner, unter ihnen zahlreiche Intellektuelle und Künstler, wurden ins Exil getrieben. Sie flüchteten vorwiegend nach Frankreich oder Iberoamerika (siehe Kapitel 12, S. 138). Viele Spanier hat der damalige mexikanische Präsident Lázaro Cárdenas aufgenommen. Und der Chilene Pablo Neruda, der spätere Literaturnobelpreisträger, der damals Kulturattaché an der chilenischen Botschaft in Paris war, mietete ein großes Schiff, um spanische Flüchtlinge in sein Heimatland Chile zu bringen.

Franco erklärte in einem Gespräch mit seinem damaligen Mitkämpfer und späteren Kritiker Dionisio Ridruejo, der sich über die hohe Zahl der Hinrichtungen beschwerte: «Meine Hand wird nicht zittern, selbst wenn ich Todesurteile für die Hälfte der Spanier unterschreiben muss.» Die regelmäßigen Massenerschießungen nach der Eroberung von Städten während des Krieges erklärte Franco gegenüber Ridruejo mit dem zynischen Satz: «Auf Feldern, die neu eingesät werden sollen, muss man vorher das Unkraut vernichten.»[6]

AUSLÄNDISCHE PARTEINAHME

In Europa war während der drei Jahre des Bürgerkrieges schon der Faschismus an der Macht – in Italien mit Benito Mussolini, in Deutschland mit Adolf Hitler. Die militärische Auseinandersetzung zwischen den demokratischen Staaten Europas und den faschistisch regierten Ländern bereitete sich vor. Fünf Monate nach der Niederlage der Regierung der spanischen Republik fiel Hitler in Polen ein, der Zweite Weltkrieg begann.

Schon früh intervenierten ausländische Staaten im Spanischen Bürgerkrieg. Hitler schickte die Legion Condor, ein Expeditionskorps, um Franco zu unterstützen. Sie bombardierte am 26. April 1937 die Bevölkerung von Guernica, einer Stadt, die den auf Seiten der Republik kämpfenden Basken heilig war. Mussolini entsandte Soldaten für Francos Landheer. Auf der republikanischen Seite formierten sich die Internationalen Brigaden aus überwiegend kommunistischen Freiwilligen aus europäischen und amerikanischen Ländern. Unter ihnen waren auch viele im Exil lebende Deutsche. Die Mitglieder der Internationalen Brigaden hatten zum Teil eine gute militärische Ausbildung erhalten und waren durch ihre heroische Haltung mitentscheidend bei der drei Jahre lang erfolgreichen Verteidigung der belagerten Landeshauptstadt Madrid.

Die demokratischen Länder Europas hingegen schlossen ein Nichtinterventions-Abkommen. Großbritannien verhielt sich strikt neutral, bemühte sich aber gegen Ende des Bürgerkriegs um freundliche Beziehungen zu Franco, dessen Sieg sich damals abzeichnete. Frankreich hatte zu Beginn des Krieges unter der Regierung des Sozialisten Léon Blum eine Zeit lang die spanische Republik durch Waffenlieferungen unterstützt, wenngleich die Bedeutung dieser Waffenlieferungen lange überschätzt wurde. Als sie nicht im benötigten Umfang erfolgten, blieb der republikanischen Volksfront schließlich nur die Möglichkeit, Waffen in der Sowjetunion zu kaufen. Dadurch vergrößerte sich der Einfluss der Spanischen Kommunistischen Partei (PCE) in der Republik. Den Regierungschef stellte aber während des Bürgerkriegs fast immer die Spanische Sozialistische Arbeiterpartei (PSOE).

Insgesamt haben die Erfahrungen im Spanien der Jahre 1936–1939 dem Ruf der beiden schlimmsten Diktaturen des 20. Jahrhunderts, der kommunistischen in der Sowjetunion und der nationalsozialistischen in Deutschland, schon damals geschadet. Die in Spanien vorwiegend als Politkommissare tätigen Sowjets gerieten durch ihre intolerante und repressive Härte gegenüber anderen Linken in Misskredit, besonders innerhalb der kommunistisch beherrschten Internationalen Brigaden. Hitler-Deutschland wurde in der ganzen Welt wegen des Luftwaffenangriffs der Legion Condor auf die Bevölkerung der unverteidigten, militärisch unwichtigen Stadt Guernica kritisiert. Für die deutsche Wehrmacht war Guernica offensichtlich als Probe-Bombardement für spätere Bombenabwürfe im erwarteten Zweiten Weltkrieg gedacht gewesen.

MONARCHIE OHNE KÖNIG

Auf die spanische Rechte, die Franco im Bürgerkrieg unterstützte, hatten die in Europa kursierenden faschistischen Ideen starken Einfluss. José Antonio Primo de Rivera (der Sohn des früheren Diktators General Miguel Primo de Rivera) gründete 1933 eine offen faschistische Partei, die Falange Española. Sie übernahm in ihrer Organisationsform und teilweise auch in ihrem Programm viel von den italienischen Faschisten. In der Rhetorik der Falange und des späteren

Franco-Regimes war ein starker Antijudaismus verbreitet; doch ermöglichte Franco zwischen 1939 und 1945 die Flucht tausender Juden aus Europa und gab vielen sephardischen Juden aus Südosteuropa spanische Pässe. Wenngleich zunächst von katholischen Kreisen stark kritisiert, stand die Falange ab 1937 der katholischen Kirche sehr nahe. Die Falangisten machten, ebenso wie auf der anderen Seite Gruppen der extremen Linken, während der Zweiten Republik die Straßen des Landes unsicher. Bei Parlamentswahlen blieben sie aber so gut wie erfolglos. Erst unter Francos Regime wurde die Falange, inzwischen mit den traditionalistischen Karlisten und anderen Gruppen vereinigt, als «Nationale Bewegung» mit veränderter Ideologie zur Staatspartei.

Im Parlament der Republik vertrat der «Spanische Bund der autonomen Rechten» (CEDA) als starkes Parteienbündnis den konservativen politischen Katholizismus mit zum Teil faschistischem Einschlag. Monarchisten, erzreaktionäre Karlisten und Rechtsliberale vervollständigten das Spektrum der politischen Rechten im Bürgerkrieg. Doch wurde dieser Krieg nicht zu einer Auseinandersetzung zwischen Republik und Monarchie. Franco dachte nach seinem Sieg nicht daran, einen König einzusetzen. Dennoch wurde Spanien in dem Gesetz, das Francos Nachfolge regelte, 1947 offiziell wieder zu einer Monarchie. Franco ließ sich zum Staatschef auf Lebenszeit ernennen und wählte einen Prinzen zu seinem Nachfolger aus. Die Wahl traf nicht den liberalen Prinzen Don Juan (1913–1993), den Sohn des 1931 geflohenen Königs Alfons XIII. und legitimen Erben der Bourbonen-Dynastie, sondern dessen Sohn Juan Carlos.

DER BÜRGERKRIEG UND DIE INTELLEKTUELLEN

Der Spanische Bürgerkrieg war ein nationales Ereignis, das die ganze Welt interessierte, ja zum Teil sogar faszinierte. Die Intellektuellen und Schriftsteller Europas und Amerikas besuchten damals Spanien oder äußerten sich zu den grausamen Auseinandersetzungen südlich der Pyrenäen. Manche von ihnen kämpften auch mit, vorwiegend auf der Seite der Republik gegen die aufständischen Militärs um General Franco. Selten hat ein Krieg in einem Land international einen so bedeutenden literarischen Niederschlag gefunden: «Die Hoffnung» von André Malraux, «Wem die Stunde schlägt» von Ernest Hemingway, «Mein Katalonien» von George Orwell gehören zur Weltliteratur des 20. Jahrhunderts. Unter den deutschsprachigen Autoren haben Bertolt Brecht, Anna Seghers, Alfred Kantorowicz und Gustav Regler Werke im Spanischen Bürgerkrieg angesiedelt. Für die spanischen Schriftsteller selbst wurde der Bürgerkrieg zum wichtigsten Ereignis in der jüngeren Geschichte ihres Landes, für viele auch zum Hauptthema ihres Werkes. Die mit der Republik sympathisierenden Autoren mussten ihre Bücher in Mexiko und Argentinien, den von linken spanischen Intellektuellen bevorzugten Exilländern, veröffentlichen, doch kamen ihre Bücher trotz des Verbotes der Franco-Diktatur seit den 60er-Jahren auch in spanische Buchhandlungen – unter den Ladentisch natürlich. Die Anhänger Francos schrieben Bücher voller schwülstiger nationalistischer Rhetorik und patriotischer Gemeinplätze, bis dann junge Autoren, unter ihnen der spätere Nobelpreisträger Camilo José Cela (siehe Kapitel 13, S. 150 ff.), mit einer realistischen Darstellung der Armut, des Elends und der Unterdrückung dem offiziellen Gehabe der Siegerliteratur ein Ende setzten.

Der Spanische Bürgerkrieg war das bisher letzte historische Ereignis, bei dem die linken Intellektuellen – einschließlich der Kommunisten – und die liberalen, in Europa wie in Amerika, sich eine Zeit lang im selben Lager befanden, bei dem die Feindschaft gegenüber dem Faschismus, dem Klerikalismus und einer erzkonservativen Oligarchie sie zum gemeinsamen, wenn auch schließlich erfolglosen Kampf zusammenband.

VON DEN SOWJETKOMMUNISTEN ENTTÄUSCHT

Im Bürgerkrieg trug die internationale Linke aber auch viele Konflikte untereinander aus, die teilweise sogar zu Gewalttaten führten. So brachten sowjettreue Kommunisten, die als Politkommissare der verschiedenen Divisionen des republikanischen Heeres tätig waren, führende spanische Anarchosyndikalisten und den herausragenden Politiker der Arbeiterpartei der Marxistischen Einigung (POUM), Andrés Nin, um. In der sozialistischen Partei verschärften sich die Flügelkämpfe im Streit um Kriegsstrategien und um das Verhältnis zu den Kommunisten. Anfang März 1939 ging die Spaltung der Sozialisten schon so weit, dass der Flügel um Julián Besteiro Waffenstillstandsverhandlungen mit Franco zustimmte, während der Flügel um Ministerpräsident Juan Negrín noch weiter durchhalten wollte.

Für manche linken Intellektuellen aus verschiedenen Ländern, etwa für Arthur Koestler, George Orwell und Gustav Regler, führte die spanische Erfahrung zum Bruch mit Moskau. Willy Brandt und andere zeigten sich über die Behandlung der übrigen linken Parteien durch die Kommunisten empört. Brandt hielt sich damals als Berichterstatter in Barcelona und beim Kampf um die aragonische Stadt Huesca auf. Er sympathisierte, wie seine damalige Partei, die Sozialistische Arbeiter-Partei (SAP), mit der linkssozialistischen spanischen Arbeiterpartei der Marxistischen Einigung (POUM), der von der Kommunistischen Partei Spaniens (PCE) zu Unrecht vorgeworfen wurde, trotzkistisch zu sein. Brandt zeigte sich in seinen Informationen an die SAP-Leitung immer bemüht, möglichst neutral über die Konflikte zwischen der PCE und den anderen linken Parteien zu berichten. Das manchmal kriminelle Vorgehen der spanischen Kommunisten und ihrer sowjetischen Berater vor allem gegen Anarchosyndikalisten und Trotzkisten, gegen linke Parteien, welche den Bürgerkrieg als Klassenkampf und als Versuch einer sozialen Revolution betrachteten, hat Brandt wohl das letzte Vertrauen zu Moskau genommen. In den Jahren von 1936 bis 1938 fand in der Sowjetunion die Verfolgung von angeblichen und wirklichen Dissidenten durch Stalin ihren Höhepunkt. Durch die Brutalität dieser Verfolgung verlor die Sowjetunion endgültig die Sympathien zahlreicher linker und liberaler Intellektueller in Europa.

MYTHENBILDUNG

Der Bruderkrieg in Spanien wurde zum Ursprung zahlreicher Mythen in Spanien selbst wie im Ausland: So wurde er als gemeinsamer Kampf aller Antifaschisten gegen den Faschismus verherrlicht, auch als Aufstand eines Volkes gegen die Unterdrückung durch Militär, Kirche und Oligarchie. Auf der Siegerseite wurde der Bürgerkrieg als erste große Niederlage des Weltkommunismus, aber auch als eine Rettung der Religion und der abendländischen Zivilisation gefeiert. Franco erklärte den Krieg mit Einwilligung des spanischen katholischen Klerus zu einem Kreuzzug. Nur als ein solcher – eine «cruzada» – durfte er im Franco-Regime offiziell erwähnt werden; «guerra civil» (Bürgerkrieg) konnte man in Spanien lange nicht sagen.

Nach Francos Tod, als man wieder offen über den Bürgerkrieg schreiben und sprechen konnte, hatten selbst Historiker eine gewisse Scheu oder Abneigung, den Finger in die Wunden zu legen und sich allzu detailliert mit den Tätern und den Opfern des Krieges zu beschäftigen. Erst nach und nach wurden Bürgerkrieg und Franco-Diktatur zu einem Thema der öffentlichen Debatte. In einer Resolution des spanischen Parlaments aus dem Jahr 2002 wurde der Militäraufstand Francos vom 18. Juli 1936 mit großer Mehrheit, allerdings unter nur widerwilliger Zustimmung der Volkspartei, zum ersten Mal verurteilt. Es war quasi der offizielle Beginn der Vergangenheitsbewältigung.

3
«SPANIEN IST DAS PROBLEM, EUROPA DIE LÖSUNG»

WIRTSCHAFTSREFORMEN NOCH UNTER FRANCO

Spanien hat nach dem Ende der Diktatur mehr als drei Jahrzehnte verfassungsmäßig garantierte Freiheiten und Marktwirtschaft erlebt. Das ist die längste Periode einer demokratischen Normalität in der gesamten Geschichte des Landes. Die Wirtschaftsreformen hatten allerdings schon im letzten Drittel des Franco-Regimes, zu Beginn der 60er-Jahre, begonnen, als Franco die Wirtschaft und die spanische Währung liberalisierte und das Ziel einer wirtschaftlichen Autarkie Spaniens aufgab. Bis dahin wurden viele staatliche Firmen von Generälen im Ruhestand geleitet. Auch an der Spitze der Wirtschaftsministerien standen häufig Militärs ohne politische Erfahrungen. Franco hatte die Figur des «militärischen Unternehmers» erfunden, die dann später im Chile Pinochets eine Wiedergeburt erleben sollte. Unternehmerische Initiative entwickelten diese Männer nicht, im besten Fall waren sie fleißige Verwalter der Staatsfirmen, im schlimmsten nutzten sie ihre Posten zu Gefälligkeiten gegenüber Freunden und alten Kameraden aus und erhöhten damit die Korruption im Land. Dass diese im Franco-Spanien keine schlimmen Ausmaße erreichte, lag wohl daran, dass Spanien damals ein armes Land war und auch Bestechungsgelder bescheiden bleiben mussten.

Franco wechselte jedoch schließlich die Militärs an der Spitze der Staatsfirmen gegen Technokraten aus, die zu einem beachtlichen Teil der katholischen Laienorganisation Opus Dei angehörten. Eine freie Marktwirtschaft verlangte eigentlich auch politische Reformen, doch die höchsten Spitzen des Regimes – Zivilisten wie Militärs – waren dazu nicht bereit. Einige Staatssekretäre, auch der eine oder andere Minister, gaben sich damals allerdings gerne als Reformer mit dem Endziel eines demokratischen Staates aus. Mit ihnen konnte man als ausländischer Zeitungskorrespondent bei einer Flasche guten Rioja-Weins offen diskutieren. Nicht wenige dieser Politiker – wie Adolfo Suárez, die Innenminister Rodolfo Martín Villa und Juan José Rosón oder Marcelino Oreja, der während der Transition Außenminister wurde – leisteten später dank ihrer guten Kenntnisse des Regimes tatsächlich einen wichtigen Beitrag zur Zerschlagung der Diktatur. Sie hielten während der Transition noch eine Zeitlang wichtige Posten in der Suprastruktur, passten sich schnell den Normen der Demokratie an, vermieden verständlicherweise alles, was an ihre früheren Zeiten im Dienste des Diktators hätte erinnern können – und förderten so auch die Aufnahme in die Europäische Union.

DER LANGE WEG IN DIE EU

Der spanische Philosoph José Ortega y Gasset hatte schon 1910 geschrieben: «Spanien ist das Problem, Europa die Lösung.» Fast hundert Jahre später hat sich dieser Satz bestätigt: Spanien erlebt als Mitglied der Europäischen Union seine politisch wie wirtschaftlich zufriedenstellendste Epoche. In den schwierigen Jahren seiner jüngsten Geschichte bildete Spanien mit dem ebenfalls diktatorisch regierten Portugal eine Ausnahme innerhalb Westeuropas. Die spanischen Demokraten wussten, dass ihr Land, solange die Diktatur Bestand hatte, nicht in die Europäische Gemeinschaft aufgenommen werden konnte. Franco hatte 1962 einen Antrag auf Assoziierung mit dem Ziel einer späteren Vollmitgliedschaft gestellt. Doch die erste Reaktion aus Brüssel kam erst 1965. Und erst 1967 war die Europäische Gemeinschaft bereit, über ein Präferenzabkommen mit Franco-Spanien zu verhandeln. Sie befand sich in einem Dilemma: Nahm sie das diktatorisch regierte Spanien auf, würde das Regime einen Prestigegewinn verbuchen und die EG gegen ihre

Römischen Verträge, eine Art demokratisches Grundgesetz der Europäischen Gemeinschaft, verstoßen. Genehmigte man Spanien wegen seines Regimes nicht einmal ein wirtschaftliches Präferenzabkommen – Belgien, Italien, die Niederlande und Luxemburg waren zunächst dagegen –, so müsste das spanische Volk die ökonomischen Folgen des Ausschlusses tragen, der nicht ihm, sondern dem Franco-Regime gelten sollte. Schließlich wurde im Interesse der spanischen Bevölkerung ein Abkommen mit allerdings nicht gerade großzügigen Präferenzen verabschiedet.

Über die Gründe des Ausschlusses aus Europa durfte in Spanien öffentlich nichts gesagt oder geschrieben werden. Sie waren jedoch in informierten Kreisen kein Geheimnis. Im Juni 1962 hatte die Europa-Bewegung, ein Zusammenschluss mehrerer um die europäische Einigung bemühter Organisationen, spanische Dissidenten von den Monarchisten bis zu den Sozialisten aus Spanien und dem Exil zu ihrem Kongress in München eingeladen. Der liberale Emigrant und frühere Minister und Botschafter der Zweiten Republik, Salvador de Madariaga, spielte eine wichtige Rolle bei der Formulierung der schließlich vom Kongress angenommenen Resolution. Die Europa-Bewegung forderte darin, dass in die Europäische Gemeinschaft nur Staaten als Vollmitglieder oder assoziierte Mitglieder aufgenommen werden dürften, in denen demokratische Institutionen bestehen und die Menschenrechte beachtet werden. Die spanischen Teilnehmer aller politischen Lager stimmten der Resolution zu. Bei ihrer Rückkehr wurden sie – unter ihnen der Führer des rechtskatholischen Parteienbündnisses CEDA während der Republik, José María Gil Robles – noch auf dem Flughafen in Madrid verhaftet. Es wurde ihnen freigestellt, ins Exil zu gehen oder in die Verbannung auf die kanarische Sandinsel Fuerteventura. Die Veranstaltung in München wurde in einer Kampagne des Regimes noch einige Jahre lang als «contubernio» (wörtlich: «wilde Ehe»), als eine von den «dekadenten europäischen Demokraten organisierte Orgie», bezeichnet.

Während der letzten Jahre der Franco-Diktatur gab es zahlreiche oppositionelle Organisationen, die in ihrem Namen das Wort «europäisch» führten. Europäisch war gleichbedeutend mit demokratisch. Da nur ein demokratisches Spanien Mitglied der Europäischen Gemeinschaft werden konnte, war etwa eine «Vereinigung für den Beitritt Spaniens zur EG» eine Organisation, die sich vorwiegend für eine zukünftige Demokratie und das Ende der Diktatur einsetzte. «Europäische» Studienzentren wurden im ganzen Land gegründet. Viele von ihnen – wie auch andere europäische, also demokratische Organisationen – wurden von der Regierung verboten, und viele ihrer Vorstände mussten ins Gefängnis.

Mit der Zeit bot die europäische Verkleidung einer politisch illegalen Organisation aber etwas mehr Schutz vor der politischen Polizei, die in Spanien den Namen «Brigade für Sozialforschung» (*Brigada de Investigación Social*) trug. Die Sozialbrigadisten bekamen schon in den frühen 70er-Jahren Anweisungen von der Regierung, mit Leuten, die sich «europäisch» nannten, etwas sanfter umzugehen, denn diese hatten gewöhnlich gute Beziehungen zu Politikern anderer europäischer Länder. Die Tatsache, dass «europäisch» und «demokratisch» für die Gegner der Diktatur als Synonyme galten, macht die proeuropäische Gesinnung vor allem bei den spanischen Politikern der Linken und der Mitte von Beginn der *Transición* bis heute verständlich. Auf der Rechten, bei der Volksallianz, der heutigen Volkspartei, hielten sich die Sympathien für die europäische Einigung lange Zeit in Grenzen: einmal, weil der Nationalismus in der Ideologie der Rechten eine wichtige Rolle spielte, dann aber auch, weil viele rechtsgerichtete Spanier früher Frankisten gewesen waren und, den Worten Francos folgend, Misstrauen gegen das dekadente, demoliberale Europa[7] hegten. Bezeichnenderweise war auch der ehemalige Falangist und spanische Nationalist José María Aznar in seiner Zeit an der Spitze der Regierung (1996–2004) vorwiegend an einem Europa des freien Handels interessiert.

DAS NATO-REFERENDUM

Spaniens Beitritt zur Europäischen Gemeinschaft und seine Mitgliedschaft in der NATO waren eng miteinander verknüpft. Am 30. Mai 1982 war Spanien in die NATO eingetreten, zehn Tage später feierte der spanische Regierungschef Calvo-Sotelo diesen Beitritt in Bonn als Ende der internationalen Isolierung Spaniens. Die Abstimmung im Parlament im Oktober 1981 war eher knapp ausgefallen – der PSOE hatte gegen den Beitritt gestimmt. Bereits damals hatte Felipe González ein Referendum angekündigt. Im Wahlkampf 1982 erneuerte er sein Versprechen einer Volksabstimmung über Verbleib oder Ausscheiden aus dem Nordatlantischen Verteidigungsbündnis, ohne aber die Position seiner Partei und seiner künftigen Regierung schon festzulegen. Die Wahlen gewann der PSOE am 28. Oktober 1982 und erlangte die absolute Mehrheit im Abgeordnetenkongress. Aus privaten Gesprächen wusste man, dass, sollte Spanien vor dem Referendum in die Europäische Gemeinschaft aufgenommen werden, González und seine Regierung sich für einen Verbleib im Militärbündnis aussprechen würden.

Alle EG-Länder, auch Frankreich, aber besonders die Bundesrepublik Deutschland, waren damals an einem Verbleib Spaniens in der NATO interessiert. Durch die Möglichkeit des Austritts geriet die bis dahin harmonische Zusammenarbeit zwischen Madrid und Bonn in eine Krise. Aber die Regierung Helmut Kohls mit Außenminister Hans-Dietrich Genscher zeigte Verständnis dafür, dass González den Termin des Referendums erst nach der Unterschrift über die Aufnahme in die EG ansetzte. Die Aufnahme erfolgte 1985, das Referendum wurde für den 12. März 1986 geplant.

Ein großer Teil der Spanier war gegen die NATO, weil sie das Bündnis für ein Machtinstrument der Vereinigten Staaten hielten und gerade die spanischen Demokraten noch nicht vergessen hatten, dass die USA 1953 als erstes Land nach dem Vatikan einen Vertrag mit Franco-Spanien abgeschlossen und damit den Diktator im Westen hoffähig gemacht hatten. Die oppositionelle Volksallianz

(AP) unter Manuel Fraga Iribarne empfahl Stimmenthaltung, weil sie glaubte, dass González bei einer Mehrheit gegen die NATO zurücktreten werde, was dieser auch tatsächlich vorhatte, ohne es öffentlich zu sagen. Diese Haltung der spanischen Konservativen, die ihre grundsätzlich NATO-freundliche Haltung parteitaktischen Erwägungen opferten, hat sie viele Sympathien bei den Christlichen Demokraten und Konservativen in Europa gekostet.

Nach Spaniens EG-Beitritt warb González dann in großen Kundgebungen und unter Einsatz seiner ganzen Popularität für den Verbleib in der NATO, wobei es ihm – und wirklich nur ihm allein – gelang, die große NATO-feindliche Mehrheit im spanischen Volk umzustimmen.

BEGEISTERUNG FÜR DIE EINHEIT EUROPAS

In der Regierungszeit Aznars hat Spanien keinen bedeutenden Beitrag mehr zur politischen Einigung Europas geleistet. González hingegen galt in seiner langen Regierungszeit neben François Mitterrand und Helmut Kohl, mit dem ihn eine enge persönliche Freundschaft verband, als einer der drei Vorkämpfer für ein politisches Europa. Dass der Beitritt zur EG vom spanischen Parlament 1985 ohne eine einzige Enthaltung und ohne Gegenstimmen angenommen wurde, bestätigt eine gewisse Europabegeisterung auch bei den Politikern. Im Übrigen haben den berühmten Aachener Karlspreis für Verdienste um Europa – nach Karl dem Großen benannt – bereits vier Spanier erhalten: Salvador de Madariaga, König Juan Carlos I., Felipe González und Javier Solana.

Die meisten Spanier haben keine Schwierigkeiten damit, nationale Souveränitätsrechte an die Europäische Union abzutreten. Durch die Struktur- und Kohäsionsfonds hat Spanien finanziell viel von der Union profitiert. Aus den Kohäsionsfonds, welche Felipe González im Europäischen Rat im Kreis der Staats- und Regierungschefs für die weniger entwickelten Länder durchkämpfte, erhielt Spanien, absolut gesehen, den größten Anteil. Allerdings bekamen

Zwei große Europäer unter Spaniens Sozialisten: Ministerpräsident Felipe González und der damalige Außenminister und spätere NATO-Generalsekretär und Hohe Repräsentant der EU für Außen- und Sicherheitspolitik, Javier Solana

die kleineren Länder Portugal, Griechenland und vor allem Irland pro Kopf der Bevölkerung beträchtlich mehr. In den 90er-Jahren befand sich Spanien dann in einer wirtschaftlichen Situation, die es ihm ermöglichte, teure Investitionsgüter und technologisch moderne Maschinen zu kaufen – vor allem in Deutschland. So flossen einige Gelder aus den Kohäsionsfonds wieder in die Bundesrepublik, den größten Nettozahler der Union, zurück.

Das wirtschaftlich erstarkte Spanien hat die aus Brüssel kommenden Gelder sinnvoll verwendet und bei allen Projekten im Bereich von Infrastruktur und Umweltschutz die Hälfte der Kosten aufgebracht. So ist Spanien heute eines der europäischen Länder mit den besten Straßen und hervorragenden Zugverbindungen. Vorbei

«SPANIEN IST DAS PROBLEM, EUROPA DIE LÖSUNG»

sind die Zeiten, als die Geschichten über die spanische Eisenbahn, die Erfahrungen von langwierigen Reisen quer durch die Iberische Halbinsel, unterhaltsame Erzählungen in den Zeitungen und der Literatur der Nachbarländer hergaben.

Die Spanier freuen sich, dass der früher oft gehörte Satz «Afrika beginnt an den Pyrenäen» inzwischen vergessen ist. Auch sagen sie nicht mehr, wenn sie nach Frankreich oder Italien reisen, «ich fahre nach Europa», als gehörte ihr Land nicht dazu. Spanien erfüllte dank großer Sparsamkeit bei den Staatsausgaben überraschend schnell die Bedingungen für die Einführung des Euro. So erhielt das Land, nachdem es zahlreiche Abwertungen der Pesete erleiden musste, eine stabile Währung. Es trat auch von Anfang an dem Schengen-Abkommen über die Freizügigkeit innerhalb der Europäischen Union bei. Als ein besonderes Zeichen für die Zustimmung zur europäischen Einigung ließ Ministerpräsident Zapatero als Erster den Verfassungstext durch eine Volksabstimmung bestätigen. Außer Spanien hat bisher nur Luxemburg der Verfassung in einem Referendum zugestimmt.

4
DIE DEUTSCH-SPANISCHEN BEZIEHUNGEN

Wenn Meinungsinstitute in Spanien nach den beliebtesten Ausländern fragen, dann liegen so gut wie immer entweder die Italiener oder die Deutschen an der Spitze. Ein ganzes Stück zurück auf der Beliebtheitsskala, hinter den iberoamerikanischen Nationen, folgen die Franzosen und fast am Ende Engländer und US-Amerikaner. Die viel zitierte traditionelle deutsch-spanische Freundschaft wird als Begrüßungsfloskel gern bei Politikerbesuchen gebraucht, doch ist das gute Verhältnis zwischen beiden Völkern mehr als ein Mythos.[8]

Die deutsch-spanische Geschichte ist, vergleicht man sie mit der gemeinsamen Geschichte anderer europäischer Länder, ohne größere Probleme verlaufen. Einen Krieg haben die beiden Völker nie gegeneinander geführt. Im Spanischen Bürgerkrieg standen Deutsche, wie schon erwähnt (siehe Kapitel 2, S. 37), auf beiden Seiten: Die von Hitler nach Spanien geschickte Legion Condor unterstützte Franco tatkräftig, aber in den Internationalen Brigaden kämpften zahlreiche Deutsche gegen ihn. Viele von ihnen verloren bei der Verteidigung der demokratischen spanischen Republik das Leben. Mit dem zwischen ihnen liegenden Nachbarland Frankreich hatten sowohl Spanien als auch Deutschland weitaus größere Probleme.

Die engste Zusammenarbeit zwischen Deutschland und Spanien liegt so weit zurück, dass ihrer nur noch an Jubiläen gedacht wird. Es war im 16. Jahrhundert, als der deutsche Kaiser des Heiligen Römischen Reiches Karl V. als Carlos I. auch König von Spanien war. In dessen Reich ging dank der spanischen Entdeckung Amerikas und der spanischen Besiedlung fast des ganzen amerikanischen Kontinents, «die Sonne nicht unter». Karl V. verbrachte seine letzten Lebensjahre im Kloster Yuste, in einem idyllischen Tal der Region Extremadura. Dort wird heute ein europäischer, nach dem Kaiser benannter Preis verliehen (der nicht mit dem Aachener Karlspreis zu verwechseln ist). Einer der ersten Träger des *Premio Europeo Carlos V* war der ehemalige deutsche Bundeskanzler Helmut Kohl.

HITLER UND FRANCO

Trotz der ideologischen Nähe, trotz der engen Beziehungen ihrer Länder und trotz der deutschen Unterstützung im Spanischen Bürgerkrieg entstand zwischen den beiden Diktatoren Spaniens und Deutschlands, dem «Führer» Adolf Hitler und dem «Caudillo» Francisco Franco, keinerlei Freundschaft. Im Gegenteil: Hitler konnte Franco nicht ausstehen.

Man hat es häufig als einen großen Erfolg der Diplomatie Francos bezeichnet, dass er sich von Hitler nicht in den Krieg hat ziehen lassen. Für das durch den Bürgerkrieg verarmte Spanien hätte ein weiterer Krieg zu einer Katastrophe führen können. Doch bis das Kriegsglück Hitlers sich zum Schlechten wendete, war Franco an einem Kriegseintritt durchaus interessiert. Seit dem Frühsommer 1940 war er von einem Sieg Deutschlands über Großbritannien überzeugt und glaubte sogar an eine Invasion in England. Franco wollte gerne bei der Verteilung der Kriegsbeute dabei sein. Über seine Mittelsmänner, seinen Außenminister und Schwager Ramón Serrano Súñer und dessen italienischen Amtskollegen Galeazzo Ciano, auch über Mussolini bekundete er dem deutschen Reichskanzler sein Interesse an einem Kriegseintritt Spaniens auf Seiten der Achsenmächte. Als Gegenleistung wollte er Waffen und Nahrungsmittel aus Deutschland und die Zusage, dass er nach dem von ihm erwarteten deutschen Sieg einen beträchtlichen Teil des französischen Nordafrika zu spanischen Kolonien machen könne. Hitler versprach er, die britische Kronkolonie Gibraltar an der Südspitze der Iberischen Halbinsel überraschend anzugreifen und zu erobern. Der deutsche Diktator wiederum zeigte sich an einer der Kanarischen Inseln als deutschem Waffenstützpunkt interessiert. Er war jedoch nicht bereit, die Wünsche Francos zu erfüllen, wollte auch nichts versprechen, was er noch nicht hatte, und musste Rücksicht auf das mit ihm verbündete Vichy-Frankreich nehmen, das nicht auf seine afrikanischen Kolonien verzichten wollte. Zudem hatte Hitler wohl kein großes Vertrauen in die militärischen Fähigkeiten der damaligen spanischen Streitkräfte. Bei den Verhandlungen war der «Caudillo» in Hitlers Augen nicht konkret genug. Er sei ein großer Zauderer, der manches andeute, aber nichts definitiv zusagen wolle.

Am 23. Oktober 1940 trafen sich Hitler und Franco in Hendaye, der französischen Stadt an der spanischen Grenze. Francos Zug kam mit leichter Verspätung in Hendaye an, Hitler wartete auf dem Bahnsteig. In der späteren Propaganda Franco-Spaniens hieß es, Franco habe Hitler bewusst warten lassen, um diesen nervös zu machen. Allerdings war die spanische Eisenbahn in jenen Jahren fast immer unpünktlich. Hitler, so der spanische Dolmetscher de las Torres, soll später beim Hinausgehen aus dem Konferenzraum gemurmelt haben: «Mit diesem Kerl ist nichts zu machen.»[9] Im Gespräch mit Mussolini soll Hitler sogar gesagt haben, lieber wolle er sich drei oder vier Backenzähne ziehen lassen, als noch einmal einen ganzen Nachmittag lang mit Franco zu reden.[10]

Nur vier Tage vor dem Treffen in Hendaye hatte der «Reichsführer SS», Heinrich Himmler, einen Besuch in Spanien angetreten, der ihn in das Kloster Montserrat und nach Madrid führte. In Madrid hatte ein Sturmbannführer der SS schon mitgeholfen, eine politische Polizei für Franco aufzubauen. Himmler wurde vom spanischen Außenminister und den Führern der Falange-Partei am Bahnhof abgeholt; die Straßen waren mit Hakenkreuz-Fahnen geschmückt. Himmler bekam eine Audienz bei Staatschef Franco, und ein Stierkampf wurde ihm zu Ehren veranstaltet. Als eine Art makabres Gastgeschenk hatte die Gestapo im besetzten Frankreich zwei dorthin geflüchtete spanische Politiker der Republik – den früheren Präsidenten der autonomen Region Katalonien, Lluis Companys, und den ehemaligen Innenminister, Julián Zugazagoitia – festgenommen und an Franco ausgeliefert, der sie erschießen ließ.

DIE BLAUE DIVISION

Am 2. Juli 1941 gab der falangistische Minister Serrano Súñer in einem Gespräch mit der «Deutschen Allgemeinen Zeitung» die Entsendung einer Division spanischer Freiwilliger an die deutsch-sowjetische Front bekannt. Es sei eine «moralische Kriegsbeteiligung», sagte der Schwager Francos und fuhr in der charakteristischen Rhetorik des Regimes fort: «Eine nicht mehr zu bremsende Welle der Sympathie und Bewunderung für das große deutsche Volk, sein unbesiegbares Heer und seinen ruhmreichen Führer hat Spanien erfasst.» Nach der unvermeidlichen Niederlage der Sowjetunion werde Großbritannien einen von den Achsenmächten diktierten Frieden akzeptieren müssen, wagte Serrano Súñer zu prophezeien.

Für die spanische Freiwilligen-Division – sie wurde nach der blauen Farbe des Falange-Hemdes *División Azul* genannt – meldeten sich Falangisten, die sich den Nationalsozialisten sehr verbunden fühlten oder auch einfach nur deutschenfreundlich waren. Dazu kamen manche Söhne von Republikanern – wie der später international sehr erfolgreiche Filmregisseur Luis García Berlanga –, die mit ihrem Beitrag zum «Kampf gegen den Weltkommunismus» ihre Väter vor der Hinrichtung durch die Bürgerkriegssieger oder vor langen Jahren im Kerker bewahren wollten. In der Blauen Division kämpften ständig gut 18 000 spanische Soldaten, vorwiegend in der Gegend um Leningrad. Da sie oft ausgewechselt wurden, kämpften insgesamt über 40 000 Spanier in der Sowjetunion. Unter den Kommandanten der Division war auch der zeitweise von interessierten Gruppen als Rivale Francos aufgebaute General Muñoz Grandes. Die Blaue Division erlitt große Verluste: Etwa 5000 ihrer Mitglieder wurden getötet, um die 9000 verletzt und ca. 400 von den Sowjets gefangen genommen, von denen ca. 250 bis zum Jahr 1954 in sowjetischer Gefangenschaft bleiben mussten.

Trotz dieses Kriegsbeitrags der Spanier wurde die Verärgerung nationalsozialistischer Politiker über Franco immer größer, je deutlicher es in Berlin wurde, dass Spanien eigentlich erst in den Krieg eintreten wollte, wenn der deutsche Sieg sicher wäre. Die Enttäuschung über den abnehmenden Kriegswillen der spanischen Regierung bekundeten deutsche Politiker und Diplomaten in Gesprächen mit Vertretern des Franco-Staates. Die beste Gelegenheit für einen gemeinsamen Angriff auf Gibraltar und die Eroberung der britischen Kronkolonie habe man durch Francos Zaudern verloren. Goebbels notierte in seinen Tagebüchern: «Jetzt wird unter Umständen Franco die Quittung für seine Säumigkeit bekommen.» Und: «Über Spanien und über Franco hat der Führer kein gutes Urteil. Viel Geschrei, aber wenig Worte. Keine Substanz. Dabei ganz unvorbereitet auf den Krieg.»[11] Sein Urteil über Franco fiel vernichtend aus: «Ein eitler Pfau ohne Gehirn. Er kommt als Figur unter den großen Staatsmännern gar nicht in Frage.»[12]

Dank seines Zauderns sowie einer politischen Annäherung an Großbritannien und die Vereinigten Staaten überlebte Franco das Ende des Zweiten Weltkriegs an der Spitze seines «Neuen Spanischen Staates», wie er sein diktatorisches Regime zunächst nannte. Im Kalten Krieg wurde Franco-Spanien dann durch das Stützpunktabkommen mit den Vereinigten Staaten zu einem Verbündeten des Westens, wenn auch einige europäische Länder die von Franco gewünschte Aufnahme in die NATO strikt ablehnten.

DEUTSCHE NATIONALSOZIALISTEN IN FRANCOS SPANIEN

Bis zum Ende des Zweiten Weltkrieges mischte sich die deutsche Regierung laufend in die spanische Politik ein. Botschafter Eberhard von Stohrer sprach häufig mit Franco und seinen Ministern und übermittelte den Spaniern Ratschläge Hitlers. Nach Spanien und ins ebenfalls neutrale Portugal schickte Berlin zahlreiche Spione. Admiral

Canaris, der Chef der Spionageorganisation «Abwehr», der Spanien gut kannte, hielt sich auch im Zweiten Weltkrieg oft dort auf. Die deutsche Botschaft hatte zahlreiche eifrige Mitarbeiter, die großen Einfluss auf die spanische Presse und die Falange-Partei ausübten. Sie waren in mehreren Verschwörungen engagiert, auch bei Versuchen, Franco zu stürzen und ihn durch General Muñoz Grandes zu ersetzen.

Viele dieser Mitarbeiter der deutschen Botschaft blieben nach der deutschen Kapitulation in Spanien. Sie mussten sich verstecken, da die Alliierten ihre Auslieferung verlangten. Doch hatten die Deutschen (und Österreicher) viele Freunde in der spanischen Politik und bei den Behörden ihres Gastlandes, welche sie schützten und eine Übergabe an die Amerikaner in den meisten Fällen verhinderten. Franco-Spanien gab auch weiteren in ihrer Heimat gesuchten Nationalsozialisten Asyl. Andere teilweise wegen Kriegsverbrechen gesuchte deutsche Nationalsozialisten konnten über Spanien nach Lateinamerika entkommen. Franco persönlich unterstützte den belgischen Faschistenführer und SS-Angehörigen Léon Degrelle bei seiner Flucht. Eine reiche spanische Aristokratin adoptierte Degrelle, der somit als Spanier nicht mehr ausgewiesen werden konnte; die Regierung Spaniens lehnte alle belgischen Auslieferungsanträge ab.

Für seine auch in den 70er-Jahren noch nationalsozialistischen Ideen konnte der durch seine aufsehenerregende Befreiung Mussolinis berühmt gewordene SS-Mann Otto Skorzeny werben, wenn er in dem Kreis von spanischen und deutschen Rechtsextremen auftrat, die sich wöchentlich einmal in einem deutschen Restaurant in Madrid trafen. Skorzeny unterhielt eine Import- und Exportfirma in Madrid, über die er Waffenhandel betrieben haben soll. Nach Berichten, die dem Sicherheitsrat der Vereinten Nationen vorgelegt wurden, sollen zwischen 2000 und 3000 deutsche Nationalsozialisten – Offiziere, Spione und auch Kriegsverbrecher – nach und über Spanien geflohen sein. Manche Ex-Mitglieder der Gestapo fanden als Ausbilder Arbeit bei der politischen Polizei des Franco-Regimes, der «Brigade für Sozialforschung».

Der Gerechtigkeit halber sollte nicht vergessen werden, dass sich zuvor zahlreiche in Deutschland verfolgte Anti-Faschisten und Juden über Frankreich, Spanien und Portugal in Sicherheit bringen konnten. Nicht wenigen Juden wurde während des Zweiten Weltkriegs von Amtsträgern des Franco-Regimes geholfen.

Nach der deutschen Niederlage bestimmten die in Spanien gebliebenen Nationalsozialisten noch maßgeblich das Verhalten der deutschen Kolonie in Madrid, Barcelona und Málaga, also den Städten, in denen der Anteil der Deutschen besonders stark war. Große deutsche Firmen ließen sich in Spanien von «verdienten» Mitarbeitern vertreten, die man wegen ihrer braunen Vergangenheit und ihrer offen nationalsozialistischen Gesinnung nicht in Länder wie Frankreich oder Großbritannien schicken konnte. Manche der ständigen Mitarbeiter deutscher Zeitungen und Sender hatten zuvor für Organisationen der Nationalsozialisten in Spanien gearbeitet. Sie bemühten sich, so gut es ging, ihre Ideologie in ihren Berichten zu verbergen, nicht aber bei Auftritten in der Madrider Gesellschaft. Journalisten, die sich nicht von dem in der deutschen Kolonie vorherrschenden rechtsextremen Denken vereinnahmen ließen, erhielten anonyme Drohbriefe – auf Deutsch – oder wurden bei den Behörden denunziert.

Die deutschen Diplomaten distanzierten sich bis Anfang der 70er-Jahre von der gemäßigten spanischen Opposition – Monarchisten, christlichen Demokraten, Liberalen oder Sozialdemokraten. Botschafter Freiherr von Welck, der höchste Vertreter der demokratischen Bundesrepublik in Spanien, wandte sich entschieden gegen die Forderungen des demokratischen Kongresses der spanischen Opposition in München im Juni 1962 nach Zulassung demokratischer Parteien und Pressefreiheit; denn diese seien nur über den Sturz des Franco-Regimes, mit allen unabsehbaren Folgen für Spanien und Europa, möglich. In den Bonner Instruktionen für den deutschen

Botschafter in Madrid hatte es wörtlich geheißen: «Das Franco-Regime ist mit Sicherheit einem System mit politischen Unruhen vorzuziehen. […] Es wäre nämlich ziemlich sicher zu erwarten, dass im Falle freier Wahlen sich linksradikale Gruppen des Staates bemächtigen.»[13] Die späteren freien Wahlen haben die Qualität solch politischer Prophetie des Auswärtigen Amts vor Augen geführt.

Der erste Bundeskanzler, der Franco-Spanien einen offiziellen Besuch abstattete, war im Herbst 1968 Kurt Georg Kiesinger, der allerdings Franco keinerlei Versprechen über die Aufnahme Spaniens in die Europäische Wirtschaftsgemeinschaft und die NATO machte. Vertreter des rechten Flügels der CSU, des Bundes der Heimatvertriebenen und Entrechteten (BHE) und der Deutschen Partei (DP) trafen sich mit den offen faschistischen spanischen Ministern José Solís und Alfredo Sánchez-Bella bei den Tagungen der Abendländischen Aktion und des Europäischen Zentrums für Dokumentation und Information (CEDI). Bei diesen von der spanischen Diktatur finanzierten Treffen ließ Franco es sich einiges kosten, für die Idee eines autoritären Europa zu werben und den «modernen Vielparteienstaat» zu attackieren.

Es war durchaus Usus, dass deutsche Politiker, auch Minister, sich in den 60er-Jahren von Francos Regierung zum Urlaub an die spanische Sonnenküste einladen ließen – sie bedankten sich dann mit lobenden Sprüchen auf die spanische Diktatur. Umso mehr wunderten sich die Funktionäre des spanischen Regimes, als ein deutscher Politiker – es war der Arbeitsminister Hans Katzer (CDU) – es plötzlich ablehnte, sich das Hotel von Francos Regierung bezahlen zu lassen.

DEUTSCHE HILFE BEI DER DEMOKRATISIERUNG

Bei der Wiedereinführung eines demokratischen Systems in Spanien leisteten die Europäer und hier in erster Linie die Deutschen wichtige Hilfe. Politische Parteien aus mehreren europäischen Ländern – Italien, Frankreich, den Niederlanden und vor allem der Bundesrepublik Deutschland – hatten schon vor dem Tod des Diktators Verbindungen zu den Kräften der demokratischen Opposition in Spanien aufgenommen. Die Stiftungen der bundesdeutschen Parteien leisteten dabei Pionierarbeit. Auch die Parteien selbst – Sozialdemokraten, Christdemokraten und Liberale – schickten Delegationen zur Partnersuche auf die Iberische Halbinsel. Diese Besuche stärkten schon vor Francos Tod die spanischen Demokraten und wurden in der öffentlichen Meinung sehr beachtet. Allerdings ließen sich manche der Delegationen vom Franco-Regime täuschen. Noch im Juni 1976 wurden den CDU-Abgeordneten Bruno Heck und Werner Marx angebliche spanische Christdemokraten vorgestellt und als Partner angeboten. Das waren möglicherweise Christen, aber bestimmt keine Demokraten. Kurze Zeit danach kamen andere CDU-Politiker, unter ihnen Norbert Blüm und Walter Leisler Kiep, nach Madrid und trafen sich dort mit wirklichen Christdemokraten, die noch in der Illegalität tätig waren.

Die Außenminister Walter Scheel und Hans-Dietrich Genscher versäumten es nicht, bei ihren Spanienbesuchen auch Vertreter der Opposition zu Gesprächen zu empfangen, obwohl sie damit den Unwillen der Regierung Francos erregten. Unter ihren Gesprächspartnern war damals auch José María Areilza, der nach Francos Tod zum spanischen Außenminister berufen wurde.

Die Sozialdemokratische Partei Deutschlands hatte gezielter als andere politische Parteien die Verbindung zu ihren möglichen Partnern in Spanien gepflegt. Innerhalb der SPD interessierte sich der spätere Finanzminister Hans Matthöfer während der Diktatur in besonderem Maße für die spanischen Demokraten. Matthöfer, der gut Spanisch spricht, machte mehrere Reisen nach Spanien, um sich mit den dortigen Sozialisten zu treffen und als Beobachter den Prozessen vor politischen Sondergerichten beizuwohnen. Auch als er schon Minister war, kam er nicht mit seinem Amtspass als Bundesminister, sondern zeigte den spanischen Polizisten seinen normalen deutschen Reisepass. Die spanischen Behörden erfuhren so nichts von seinen Besuchen, und der deutsche Minister konnte sich wie ein Tourist unbeobachtet und frei in Spanien bewegen.

Matthöfer war es auch, der dem SPD-Vorsitzenden Willy Brandt empfahl, Felipe González kennenzulernen. Das geschah am 12. Oktober 1974 beim Kongress der portugiesischen Sozialistischen Partei in Lissabon. González musste damals noch illegal aus Spanien ausreisen, um nach Lissabon zu gelangen. Auf diesem ersten Treffen der beiden Parteiführer wurde der Grundstein einer engen Freundschaft gelegt.[14] Es entstand eine Art politisches Vater-Sohn-Verhältnis, und Willy Brandt bat Felipe González kurz vor seinem Tod sogar, die Grabrede auf ihn zu halten.

Eine für die *Transición* sehr wichtige Veranstaltung fand im Juli 1976 im Madrider Goethe-Institut statt. Der Leiter des deutschen Kulturinstituts, Eckart Plinke, hatte damals spanische Politiker sowie Bundestagsabgeordnete der drei größten deutschen Parteien zu einer dreitägigen Debatte über die Zukunft Spaniens eingeladen. Die spanischen und die deutschen Politiker nahmen so manche neue Erkenntnis mit aus diesem sehr offenen Meinungsaustausch, der manchmal auch zu einem harten Schlagabtausch wurde. Die spanische demokratische Opposition war nach dem Tod des Diktators noch in zahlreiche Gruppen aufgespalten. So hatte der sozialdemokratische Politiker Bruno Friedrich es zugleich mit den Führern mehrerer sozialistischer oder sozialdemokratischer Formationen zu tun und musste sich auch mit dem Ideologen der Kommunistischen Partei Spaniens (PCE), dem überzeugten Eurokommunisten Manuel Azcárate, auseinandersetzen. Dessen Bekenntnis zum demokratischen Pluralismus, verbunden mit der Absage an den Leninismus und heftiger Kritik an der Unfreiheit in Osteuropa, fiel äußerst deutlich aus. Und so verloren nicht nur die sozialdemokratischen Redner, sondern auch der Christdemokrat Gerhard Reddemann und der Liberale Martin Bangemann ihre Furcht vor einer damals noch für möglich gehaltenen starken Vertretung der Kommunistischen Partei im zukünftigen spanischen Parlament.

DIE SPD, DER PSOE UND FELIPE GONZÁLEZ

Bruno Friedrich konnte nach seiner Rückkehr nach Deutschland guten Gewissens bestätigen, dass die SPD und die Friedrich-Ebert-Stiftung eine gute Wahl getroffen hatten: Die schon 1889 gegründete Spanische Sozialistische Arbeiterpartei (PSOE) war ein traditionsreicher und gut geführter Partner. Allerdings ließen sich die deutschen Sozialdemokraten ihren Einsatz für die Demokratisierung Spaniens und für die Zukunft ihrer Schwesterpartei einiges kosten. Für die PSOE-Genossen im französischen Exil zum Beispiel wurden vor Francos Tod jährlich etwa 50 000 DM gesammelt.

Deutsche Politiker kamen in den ersten Jahren nach dem Tod des Diktators, vor der Legalisierung der Parteien und Gewerkschaften, häufig nach Madrid. Im Sommer 1976 erteilte Innenminister Manuel Fraga die Erlaubnis zur Eröffnung einer Vertretung der Friedrich-Ebert-Stiftung in Madrid. In den von ihr veranstalteten Seminaren lernten sozialistische Politiker und Gewerkschaftler Spaniens viel über Organisation, über den Aufbau eines Parteiapparats, über Wahlkampf, politische Selbstdarstellung und Tarifautonomie. Am 30. Kongress der sozialistischen Gewerkschaft UGT im April 1976 nahmen Hans Matthöfer und Heidi Wieczorek-Zeul teil. Die UGT war damals noch nicht wieder legalisiert. Die Anwesenheit der deutschen Politiker trug mit dazu bei, dass der Kongress von der Regierung geduldet wurde, und half der UGT aufzuholen gegenüber der an Mitgliedern damals noch stärkeren und der Kommunistischen Partei Spaniens nahestehenden Gewerkschaft «Arbeiterkommissionen» (CC.OO.).

Im Dezember 1976 – inzwischen hatte der reformbereite Adolfo Suárez den Frankisten Arias Navarro als Regierungschef abgelöst – konnte der PSOE seinen 27. Parteikongress in Madrid abhalten. Die wichtigsten Politiker der europäischen Linken – Pietro Nenni, Olof Palme, Willy Brandt und Bruno Kreisky – nahmen als geladene Gäste teil. Heidi Wieczorek-Zeul hielt als Vorsitzende des Internationalen Verbandes der Jungsozialisten (JUSY) eine viel beachtete und richtungweisende Rede. Brandt und Matthöfer führten in den Tagen des Kongresses lange Gespräche mit König Juan Carlos I. und Ministerpräsident Suárez, die dabei beide die Bedeutung des PSOE und ihres frisch gewählten Generalsekretärs Felipe González herausstellten.

Der junge Arbeiteranwalt aus Sevilla hatte sich in den beiden Jahren zuvor als ein hervorragender politischer Redner und eine starke Persönlichkeit gezeigt. Es war ihm schnell gelungen, viele Parteifreunde und auch die ausländischen Führer sozialistischer und sozialdemokratischer Parteien für sich zu gewinnen. Schon damals deutete sich an, dass er wohl der bedeutendste Führer der spanischen Linken sein würde. Kaum ein spanischer Politiker erlangte jemals das Charisma des jungen Felipe González. Sein überragender Wahlsieg im Oktober 1982 galt als das Ende der Transitionszeit und als der wirkliche Beginn der Demokratie in Spanien. Seiner Politik sind die Modernisierung des Landes und der Anschluss an Europa zu verdanken. Auch wäre Spaniens außenpolitische Rolle eine andere gewesen, wäre das Land nicht in der NATO geblieben. Kein anderer demokratisch gewählter Ministerpräsident hat Spanien so lange regiert wie González.

DAUERHAFTE UNTERSTÜTZUNG: BRANDT, SCHMIDT, KOHL

Auch die übrigen deutschen Parteien bemühten sich, vor allem über ihre Stiftungen, um spanische Partner. Die CDU hatte es schwer, nachdem die verschiedenen christlich-demokratischen Parteien, mit Ausnahme der regionalen Gruppen im Baskenland und in Katalonien, bei den ersten Wahlen keine Abgeordneten ins Parlament gebracht hatten. CDU und FDP suchten und fanden partnerschaftliche Beziehungen zu der Mitte-rechts-Partei Demokratische Zentrumsunion (UCD), denn in ihr gab es Christliche Demokraten und Liberale neben Mitgliedern anderer ideologischer Couleur. Die bayerische CSU nahm Kontakt zu Gruppen ehemaliger Mitarbeiter des Franco-Regimes auf, sicher auch deshalb, weil sie zeitweise von in Spanien lebenden Deutschen der äußersten Rechten beraten wurde.

Deutschland unterstützte Spanien auf dem Weg zur Demokratie. Dabei taten sich der SPD-Parteivorsitzende Willy Brandt und Bundeskanzler Helmut Schmidt besonders hervor

Die von der Hanns-Seidel-Stiftung geförderten Kleinstparteien alter Frankisten hatten aber keine Zukunftschancen.

Wenngleich auch andere europäische Parteien den Übergang Spaniens zur Demokratie aktiv unterstützten, so kam doch die weitaus wirksamste Hilfe aus der Bundesrepublik Deutschland. Das haben die meisten spanischen Politiker und Historiker anerkannt, wenn auch manche nationalistisch denkenden Spanier diese Hilfe von außen lieber vergessen möchten. In der Berichterstattung und in der Forschung hat man sich bisher weitgehend auf die Rolle Willy Brandts bei der Unterstützung für die spanischen Sozialisten konzentriert und dabei die enge Freundschaft zwischen Willy Brandt und Felipe González herausgestellt. Von großer Bedeutung für das Spanien-Engagement der SPD, auch für die finanziellen Hilfen, war jedoch auch Bundeskanzler Helmut Schmidt, der vorausschauend erkannt hatte, wie wichtig die Rolle eines demokratischen Spanien in der künftigen Europa- und Weltpolitik sein könnte. Felipe González empfand großen Respekt für Helmut Schmidt und hat mehrmals erklärt, dieser habe mit seinem außergewöhnlichen Intellekt und seiner Fähigkeit zur Analyse genau vorausgesehen, wie die spanische Entwicklung verlaufen würde. Die Unterredungen mit dem deutschen Bundeskanzler hätten ihm, dem damals noch sehr jungen spanischen Politiker, große Sicherheit in seinen eigenen Entscheidungen vermittelt. Auch als Schmidt nicht mehr Kanzler war, besuchte er Spanien noch mehrmals und besprach sich dort mit González, der inzwischen Ministerpräsident geworden war, und den Leitern der Wirtschaftsressorts.

Schmidts Nachfolger als Bundeskanzler, Helmut Kohl, führte diese Verständigungspolitik fort. Mehr als alle anderen europäischen Länder unterstützten die Regierungen Schmidt und Kohl den Wunsch Spaniens nach einem Beitritt zur Europäischen Gemeinschaft. Der Christdemokrat Kohl und der Sozialdemokrat González verstanden sich auch persönlich sehr gut. Es verband sie über die Differenzen ihrer Parteizugehörigkeit hinweg der gemeinsame Enthusiasmus für eine schnelle, vor allem auch politische Einigung Europas. González und Kohl bereiteten manche Initiativen vor den europäischen Gipfeltreffen gemeinsam vor – gelegentlich auch zusammen mit dem französischen Staatspräsidenten François Mitterrand –, die dann von dem redegewandten Spanier vorgetragen wurden und denen der deutsche Regierungschef nach einer kurzen Zeit scheinbaren Nachdenkens zustimmte.

5

ARABISCHE HERRSCHAFT, RECONQUISTA UND INQUISITION

Fast acht Jahrhunderte, von 711 bis 1492, dauerte die Herrschaft der Araber in Spanien. Der Süden war fast ganz in arabischer Hand, der Norden teilweise. Die Araber – in Spanien auch Moros (Mauren) genannt – kamen aus Marokko, ursprünglich aber von der arabischen Halbinsel. Die ersten beiden Versuche der islamischen Moros, auf dem europäischen Kontinent Fuß zu fassen, wurden 672 in der Bucht von Algeciras von den Truppen des damals in Spanien herrschenden westgotischen Königs Wamba abgewehrt. Jedoch gab es Streit um den westgotischen Thron, und eine der beiden Parteien rief schließlich die muslimischen Araber zu Hilfe; diese wurden bald Herren der Situation.

Der arabische Feldherr Tarik eroberte 711 die Felsenfeste am Eingang des Mittelmeers, die später nach ihm Gibraltar («Berg des Tarik») genannt wurde und heute eine britische Kolonie ist. Die Mauren hatten so einen sicheren Halt auf spanischem Boden gewonnen und begannen von dort aus ihre Eroberungskriege über das ganze Land. Bis 717 eroberten sie fast die ganze Iberische Halbinsel und gelangten sogar nach Frankreich, wo sie von Karl Martell in der Schlacht bei Tours und Poitiers (732) geschlagen wurden. In Spanien hatten sie ihre Herrschaft allerdings gefestigt. Lediglich einige bergige Gegenden im Norden – in Asturien und im Baskenland – wurden von den Mauren nicht erobert.

AL-ANDALUS

Das neu eroberte Land nannten die Mauren Al-Andalus und arabisierten dabei einen alten germanischen Namen. Die Mehrheit der einheimischen Bevölkerung fand sich schnell mit den neuen islamischen Herrschern ab, so wie sie auch vorher die Herrschaft der Phönizier, der Römer und der germanischen Stämme, der Vandalen und Westgoten, hingenommen hatte. Das alte Volk im Süden Spaniens hat im Laufe seiner langen Geschichte mit Eroberern aus verschiedenen Kulturbereichen meistens einträchtig zusammengelebt. Mit den unterschiedlichen Beiträgen vieler Völker und Kulturen ist Andalusien reicher geworden – vor allem aber durch die islamischen Araber und Berber aus Nordafrika.

Einige der schönsten Baudenkmäler der arabischen Architektur stehen in Andalusien – die Alhambra in Granada, die Moschee oder Mezquita in Córdoba und die Giralda in Sevilla. Andalusien zählte zu den am höchsten entwickelten mittelalterlichen Kulturlandschaften Europas – eine Festspielbühne der Weltgeschichte. Córdoba war im 10. Jahrhundert eine Millionenstadt, während in London nur an die 10 000 Menschen lebten. Damals lobte die deutsche Nonne und Dichterin Roswitha von Gandersheim die damals kultivierteste Stadt des Abendlandes mit dem Vers: «Über dem Westen strahlt die leuchtende Zier der Welt – Córdoba».

Im frühen Mittelalter, unter der Herrschaft der Umayyaden (661 bis 749), spielte Córdoba eine ähnliche Rolle wie Athen im klassischen Altertum. In einem Klima der intellektuellen Freiheit lebten damals Christen, Muslims und Juden im regen Austausch miteinander und befruchteten sich gegenseitig in ihren wissenschaftlichen und künstlerischen Arbeiten. Im weiter nördlich gelegenen Toledo wirkte die wichtigste Übersetzerschule des Mittelalters, an der die Angehörigen der drei Religionen miteinander über philosophische und theologische Themen diskutierten und ihre Beiträge dann in lateinischer, hebräischer, arabischer und spanischer Sprache veröffentlichten.

Schon in der römischen Zeit hatten sich die Bürger Córdobas auffallend für Literatur interessiert. Einige sollen die lange Reise nach Rom unternommen haben, um bekannte Schriftsteller zu besuchen und diese um Blätter ihrer Manuskripte zu bitten. Im Laufe seiner langen Geschichte war Córdoba häufig eine Stadt für Dichter und Philosophen: von den beiden Senecas in der Römerzeit über den Arabisch wie Lateinisch schreibenden Averroës, den Juden Maimonides, den großen Barockdichter Góngora bis hin zu der Cordobeser Dichtergruppe um die Zeitschrift «Cántico» in den schwierigen Jahren nach Francos Sieg im Bürgerkrieg. Die Bibliothek des Kalifen Al Hakam II., der von 961 bis 976 herrschte, soll 400 000 Bände gezählt haben. Außer dieser Sammlung existierten in Córdoba zur gleichen Zeit weitere 70 Bibliotheken.

Nicht die christlichen Eroberer, sondern unduldsame arabische Theologen haben später die meisten dieser Bücher verbrannt. Die Mauren zeigten sich in Spanien jedoch gewöhnlich tolerant in Fragen der Religion und gegenüber fremden Lebensformen. Wenn es auch in den beinahe acht Jahrhunderten manchmal zu kriegerischen Auseinandersetzungen zwischen christlichen und islamischen Dörfern oder Stadtteilen kam, lebten die Angehörigen beider Religionen die meiste Zeit friedlich nebeneinander. In seltsamem Widerspruch dazu stehen die Grausamkeiten der Araber bei dynastischen Intrigen, in Bruderkriegen zwischen einzelnen nach Spanien gekommenen Stämmen wie auch bei Eroberungszügen in den christlich gebliebenen Norden Spaniens, wobei das Ausmaß der Ausschreitungen je nach der Person des jeweiligen Maurenherrschers unterschiedlich war. Doch Unduldsamkeit gegenüber Andersgläubigen und religiöser Fanatismus machten sich in Al-Andalus erst unter den Almoraviden-Herrschern in der ersten Hälfte des 12. Jahrhunderts breit.

Viele der Kalifen waren Intellektuelle und versammelten Gelehrte und Schriftsteller um sich. Von ihrem Hof in Córdoba gingen die größten Fortschritte der mittelalterlichen Medizin und Pharmazie aus, und die Erkenntnisse der Naturwissenschaftler aus Al-Andalus übten starken Einfluss auf die europäischen Universitäten aus. Auch die abendländische Philosophie erhielt von hier wichtige Anstöße aus dem islamischen Gedankengut. Die Anziehungskraft der maurischen Hochkultur veranlasste Christen aus anderen Teilen Spaniens, nach Córdoba zu ziehen. Nach der Wiedereinnahme Córdobas (1236) schickten manche christlichen Eroberer sogar ihre Söhne zum Studium ins immer noch arabische Granada. Viele Christen lernten Arabisch, und nicht wenige bekehrten sich zum Islam. Politiker, Dichter und Wissenschaftler in Al-Andalus wussten, dass ihre Zivilisation der in anderen islamischen Ländern überlegen war, und waren stolz darauf. Dabei mag die uralte Fähigkeit der andalusischen Bevölkerung, die eigene Kultur und Lebensform mit denen anderer Völker zu verschmelzen, eine wichtige Grundlage für die einzigartige islamisch-christlich-jüdische Hochkultur gewesen sein.

Die Araber verbesserten das in der andalusischen Landwirtschaft vorhandene Bewässerungssystem und kultivierten bislang in Spanien unbekannte Früchte und Gemüsesorten aus ihrer Heimat. Ihre Handwerker bearbeiteten Leder, Leinen und Seide mit einer in Europa bis dahin nicht gekannten Geschicklichkeit. Andalusier und Berber heirateten untereinander, und es entstand ein neuer hispanisch-maurischer Sektor innerhalb der Bevölkerung Südspaniens.

Das dicht bevölkerte maurische Südspanien wurde schnell zu einem der wohlhabendsten Länder Europas, mit hohen Steuereinnahmen. Der Prunk am Hofe des Kalifen von Córdoba wurde in den Nachbarländern bewundert, und die Berichte darüber regten die Phantasie in ganz Europa an. Am wirtschaftlichen Aufschwung Südspaniens hatten die Juden großen Anteil. Sie hatten die Mauren als Befreier begrüßt, nachdem ihnen von den letzten westgotischen Königen manche Freiheiten und Rechte entzogen worden waren. Die Umayyaden-Herrscher überließen den Juden die Handelsverbindungen mit dem Ausland und zeitweise die Verwaltung der Finanzen. Von sprachgewandten Juden ließen sich die Kalifen häufig in diplomatischen Missionen vertreten.

SIEG ÜBER DIE MAUREN

Die Reconquista, die Wiedereroberung der von den Mauren beherrschten Gebiete, ging von Nordspanien aus, zunächst vor allem von Asturien, später von den Königreichen León, Kastilien, Navarra und Aragonien, die sich im Norden der Halbinsel gebildet hatten. Die Feldzüge der Christen begannen bereits im 8. Jahrhundert, wenige Jahre nach der Besetzung des größten Teils der Iberischen Halbinsel durch die Muslime. In Nordkatalonien, im Nordosten Spaniens, unterstützten die Franken die spanische Reconquista und eroberten 785 Girona zurück. Der Großteil des arabisch beherrschten Territoriums wurde bis zur Mitte des 13. Jahrhunderts erobert. Rodrigo Díaz de Vivar (1043–1099), El Cid genannt (arab. «Herr»), wurde dank seiner Siege über arabische Truppen zum spanischen Nationalhelden. Der König von Aragonien, Jaime I., der Eroberer (1208–1276), dessen Reich 1137 zu Katalonien gekommen war, schloss diesem die Balearen und Valencia an. Es sind die Regionen, in denen heute noch Katalanisch gesprochen wird (siehe Kapitel 10, S. 125) und der Eroberer unter dem katalanischen Namen Jaume I. wie ein Staatsgründer gefeiert wird.

Um 1270 hielten die Muslime nur noch das Königreich Granada und einige Städte in der heutigen Provinz Huelva. Bis zum Ende des 15. Jahrhunderts stabilisierte sich die territoriale Situation, es kam zu einem Stillstand der Reconquista: Portugal wandte seine Aufmerksamkeit dem Atlantischen Ozean zu, das Königreich Aragonien orientierte sich zum Mittelmeer. Durch ihre Heirat im Jahr 1469 vereinigten dann Isabella I. von Kastilien (1451–1504) und Ferdinand II. von Aragonien (1452–1516) – genannt das Katholische Königspaar – die beiden wichtigsten Königreiche der Iberischen Halbinsel; Ferdinand wurde nach Isabellas Tod auch Regent von Kastilien. 1492 eroberte das Königspaar Granada und beendete so endgültig die arabische Herrschaft in Spanien.

Die Bevölkerung der zurückeroberten Gebiete durfte lange Zeit hindurch ihre Sitten und Gebräuche, auch ihre Religion behalten.

Ferdinand von Aragonien und
Isabella von Kastilien, das Katholische
Königspaar, regierten zusammen
und besiegten die letzten arabischen
Herrscher

Weder die neuen christlichen Herren noch die Kirche selbst übten einen Zwang auf die Unterworfenen aus. Alfons VI. (1040–1109), König von León und Kastilien, gewährte ausdrücklich die Rechtsgleichheit der Angehörigen aller Religionen – eine für das 11. Jahrhundert schon fast revolutionäre Toleranz. Der König ließ sich auch von Mahnungen des Papstes nicht irremachen, als dieser ihn tadelte, weil er Juden in wichtige Ämter berief. König Alfons X. von Kastilien und León (1221–1284) – genannt der Weise, weil er selbst ein bedeutender Wissenschaftler war – förderte jüdische und maurische Gelehrte und Literaten. Erst im Laufe des 14. Jahrhunderts kam es in verschiedenen Teilen der Iberischen Halbinsel zu schweren Ausschreitungen gegen Juden und Mauren.

Infolge der Reconquista wurde Südspanien zu einem Land der Großgrundbesitzer. Die eroberten Gebiete wurden an die militärisch beteiligten christlichen Adligen verteilt; auch die katholische Kirche bekam ihren Anteil. So wurden aus ehemals verarmten kleinen Adligen reiche Großgrundbesitzer; die Mehrheit der Bevölkerung aber fristete ein karges Dasein als besitzlose Landarbeiter und Tagelöhner. Noch heute existiert in Spaniens Landwirtschaft eine klare Trennung zwischen dem Norden mit kleinen und mittleren Landbesitzern und dem Süden mit seinen Latifundien. Die Trennungslinie verläuft etwa auf der Höhe Madrid–Valencia.

Die Kluft im Süden zwischen den armen Landarbeitern und den reichen Großgrundbesitzern, die sich kaum um ihr Land kümmerten und ihre Besitztümer nur zur Jagd oder zu prächtigen Festen besuchten, führte zu einer Spaltung der Gesellschaft, auch zu sozialem Hass und Aggressionen. Hierin liegt letztlich die Wurzel dafür, dass gleich nach Ausbruch des Spanischen Bürgerkriegs in Andalusien und in der Mancha, in Ortschaften, die der Republik treu geblieben waren, zunächst einmal die Großgrundbesitzer und deren Verbündete – der Pfarrer, der Apotheker und der Polizeichef – erschossen wurden. Agrarreformen der Zweiten Republik (1931–1939) wurden unter Franco bald wieder rückgängig gemacht. Noch bis in die 1950er-Jahre hinein gingen die Verwalter der großen Landgüter Andalusiens morgens auf den Marktplatz, suchten sich die stärksten und willigsten der dort versammelten Tagelöhner und verpflichteten sie für wenig Geld für einen Arbeitstag auf ihren Feldern.

DIE GEFÜRCHTETE INQUISITION

Die Katholischen Könige, mit denen das neuzeitliche Spanien entstand, waren auch darüber hinaus von einiger Bedeutung für die Geschichte der Frühen Neuzeit. Isabella finanzierte die Entdeckungsreise des Kolumbus; Ferdinand war das historische Vorbild für Machiavellis Figur «Il Principe». Eines ihrer Hauptziele war es, Spanien zu einem einheitlichen Land zu machen, auf der Grundlage der katholischen Religion. In diesem Bestreben wies das Königspaar Mitglieder anderer Religionen aus und erlangte 1478 vom Papst die

Genehmigung, in seinem Herrschaftsbereich Ketzergerichte einzurichten. So entstand die Inquisition, die gefürchtetste Institution, die Spanien im Laufe seiner Geschichte zu erdulden hatte. Die geistlichen Mitglieder dieser Gerichte bedienten sich der Folter, um die Angeklagten, oft bekehrte Juden oder Muslime, zu der Aussage zu zwingen, heimlich noch ihre ehemaligen Religionen praktiziert zu haben. Die Strafe war dann die Verbrennung auf den Scheiterhaufen, die in vielen spanischen Städten errichtet wurden.

Hunderte von Spaniern, wenn nicht gar Tausende, wurden allein in den Jahren zwischen 1483 und 1498, als der grausame Generalinquisitor Tomás de Torquemada an der Spitze der Inquisition stand, öffentlich verbrannt. Unter ihnen viele, die der katholischen Kirche immer treu ergeben waren. Selbst Bischöfe mussten vor der Inquisition flüchten. Die spanischen Ständeversammlungen protestierten bei König und Papst gegen die Grausamkeiten; dennoch blieb Torquemada trotz eines Machtkonfliktes mit dem Papst bis zu seinem Tod im Amt.

Auf der Insel Mallorca brannten die Scheiterhaufen noch Ende des 17. Jahrhunderts. Der größte wurde 1693 auf der heutigen Plaza Gomila im Stadtviertel Terreno in Palma errichtet, einem jetzt von Touristen und einheimischen Jugendlichen viel besuchten Stadtteil, wo sich Nachtlokale und Cabarets aneinanderreihen. Ausgewählt wurde dieser Platz, weil er groß genug war für den Holzvorrat und Tausende von Zuschauern fasste, dazu noch weit vom damaligen Stadtzentrum entfernt lag, sodass der unangenehme Rauch nicht in die Wohnungen der braven Christen eindringen konnte. Juden, die sich noch kurz vor ihrem Tod bekehrten, wurden auf dem Scheiterhaufen erhängt. Ihre Leichen wurden dann zusammen mit ihren noch lebendigen Glaubensbrüdern, die trotz Folter und drohendem Flammentod an ihrer Religion festhielten, öffentlich verbrannt. Noch bis ins letzte Jahrhundert benachteiligt wurden in Mallorca die sogenannten *Chuetas*, die Einwohner jüdischer Herkunft, die an ihren Familiennamen erkennbar waren. So verweigerte im Jahre 1966 ein

Domherr der Kathedrale von Palma einem Seminaristen den Aufenthalt in einem Wohnheim des Priesterseminars; Grund dafür war der zweite Familienname des angehenden Priesters, Fuster, der ihn als Nachkommen bekehrter mallorkinischer Juden auswies.

Die ab 1492 aus Spanien ausgewiesenen Juden zogen in ihrer Mehrheit in den marokkanischen und den griechischen Raum. Sie wurden dort wie auch heute noch in Israel als Sepharden bezeichnet, nach dem Wort *sefarad*, das der Bibel entstammt und später auf die Iberische Halbinsel bezogen wurde.

Von den arabischen Muslimen zogen sich nach der Eroberung Granadas durch die Christen viele vor allem in dünn besiedelte Gebiete Andalusiens zurück. Sie durften, dank einer Entscheidung der Katholischen Könige, ihre Religion zunächst weiter frei ausüben und ihre Moscheen behalten. Gegen spätere Assimilierungsversuche wehrten sich die als *moriscos* bezeichneten in Spanien lebenden Mauren mit Aufständen. Im Jahre 1609 erließ dann König Philipp III. ein Edikt, das die Ausweisung der Moriscos verfügte. Bis zu 300 000 Muslime mussten Spanien verlassen, was sich in Teilen des Landes, etwa in Aragonien und Valencia, als nachteilig auch für die Wirtschaft erwies.

DAS HEUTIGE VERHÄLTNIS ZU DEN ARABERN

Vielleicht liegt es an den fast 800 Jahren gemeinsamer Geschichte, dass die spanische Politik noch heute freundschaftliche Beziehungen zu den islamischen Staaten Nordafrikas und des Vorderen Orients pflegt. Selbst gewaltsame Auseinandersetzungen, wie der Krieg im spanischen Protektorat Nordmarokko Anfang des 20. Jahrhunderts, haben das Verständnis der Völker füreinander auf die Dauer nicht allzu sehr beeinträchtigen können.

Im Land selbst sind die Muslime durch die hohe Zahl nordafrikanischer Immigranten inzwischen die zweitstärkste Religionsgruppe. In mehreren Ortschaften Andalusiens haben Muslime neue Moscheen erbaut, wobei es hin und wieder aus Angst vor Fundamentalisten zu Protesten kam; Predigten von fundamentalistischen Imamen wurden von der Polizei kontrolliert. Reiche Araber sind in den letzten Jahrzehnten des 20. Jahrhunderts nach Andalusien «zurückgekehrt» und haben sich an den Badeorten der Sonnenküste wie etwa Marbella luxuriöse Sommerresidenzen bauen lassen. Als großzügige Touristen und Geldbringer sind sie willkommen. Der starke Einfluss, den die arabische Herrschaft auf die Lebensformen der Andalusier ausübte, ist immer noch präsent, und bei nicht wenigen von ihnen fließt auch arabisches Blut in den Adern. Als nach der Franco-Diktatur wieder politische Parteien erlaubt wurden, gründeten andalusische Demokraten um den Sevillaner Alejandro Rojas-Marcos eine regionalistische Partei, welche die arabische Herkunft zahlreicher Andalusier betonte und finanzielle Unterstützung aus reichen arabischen Ölstaaten erhielt. Aber nur wenige Andalusier wählten diese Partei; die meisten lehnten die Erinnerung an ihre arabische Herkunft und die gemischt muslimisch-christliche Zivilisation ab. Der früher häufig gehörte Spruch, Afrika beginne hinter den Pyrenäen, wird von den meisten Spaniern nicht nur wegen ihrer proeuropäischen Gesinnung wenig geschätzt, sondern auch, weil sie die lange arabische Herrschaft als eine Anormalität in der Geschichte ihres Landes betrachten.

Unabhängig davon nennen offizielle Stellen als Schwerpunkt der spanischen Außenpolitik auch heute noch neben Europa und Iberoamerika die Beziehungen zu den südlichen Mittelmeeranrainern, also vorwiegend muslimischen Staaten. Selbst als islamistische Radikale am Morgen des 11. März 2004 beim größten terroristischen Anschlag in der Geschichte Europas in Madrid 191 Menschen töteten, kam es nicht zu Hassausbrüchen gegen die in Spanien lebenden Nordafrikaner, obwohl die meisten der in einem kollektiven Selbstmord gestorbenen oder inzwischen verurteilten Bombenleger Marokkaner, Algerier oder Tunesier waren.

6

SPANIENS EIGENER WEG IN DER EUROPÄISCHEN GESCHICHTE

Die Geschichte und Geistesgeschichte Spaniens ist oft nicht parallel zu denen im übrigen Europa verlaufen. Vielleicht war auch das ein Grund, weswegen sich viele Spanier Europa lange nicht wirklich zugehörig fühlten. So hat die Reformation in Spanien keinen nennenswerten Widerhall gefunden. Die Habsburger, Kaiser Karl V. (als spanischer König Karl I.) und vor allem sein Sohn Philipp II. (1527 bis 1598), wurden zu Schutzherren des katholischen Glaubens und hielten diesen auch für wesentlich für die Einheit der spanischen Nation. Nicht die Reformation, sondern die Gegenreformation übte in Spanien eine starke Wirkung aus. Und das nicht nur im Abwehrkampf gegen die Reformation, vielmehr auch als eine innere Reform der katholischen Kirche. Der von dem Spanier Ignacio de Loyola gegründete Jesuitenorden half in der ersten Phase der Gegenreformation kräftig mit, die katholische Kirche zu modernisieren.

Auch zu einer großen aufklärerischen Bewegung kam es nicht. Im Spanien des 18. Jahrhunderts gab es zwar Aufklärer und Freidenker, doch die Bücher der französischen Aufklärung, die Werke von Montesquieu, Voltaire und Rousseau, waren von der Inquisition verboten und mussten oft mit anderen Deckblättern getarnt über die Pyrenäen-Grenze geschmuggelt werden. Die aus Frankreich gekommenen neuen Ideen hatten dennoch keine geringe Wirkung auf das Denken und Handeln von Politikern, Schriftstellern und Intellektuellen. So gab es imponierende Bemühungen einer Reformpolitik unter den spanischen Bourbonen: etwa in der Gesundheitspolitik, durch den Grafen von Floridablanca im letzten Drittel des 18. Jahrhunderts, und allgemein in der Liberalisierung der öffentlichen politischen Diskussion. Mit den Bourbonen-Königen kam auch ab 1700 der zentralistische Staat nach französischem Vorbild nach Spanien. Er wurde schließlich mitverantwortlich für mehrere Bürgerkriege im 19. Jahrhundert, und noch im Spanischen Bürgerkrieg standen sich Föderalisten und Zentralisten gegenüber.

WIDERSTAND GEGEN NAPOLEONS HERRSCHAFT IN SPANIEN

Anfang 1808 begannen napoleonische Truppen, strategisch wichtige Städte Spaniens zu besetzen. Im Juni desselben Jahres proklamierte Napoleon seinen Bruder Joseph Bonaparte als José I. zum König von Spanien. Doch der Unabhängigkeitskrieg gegen die französische Besatzung, der bis 1814 dauern sollte, hatte schon vor der Proklamation begonnen, ausgelöst von Aufständen der Bevölkerung in mehreren Teilen Spaniens, vorwiegend in Madrid, aber auch in Katalonien, Asturien und Galicien. Der Krieg war im Ergebnis ein großer Schritt auf dem Weg zur Einheit Spaniens, zum Entstehen der spanischen Nation. Die Aufständischen – Menschen aus allen Schichten der zivilen Bevölkerung, unterstützt von einigen kühnen Offizieren und Soldaten – erfanden gegen das überlegene französische Heer die *guerrilla*, den «Kleinkrieg». Diese Guerrilla fügte den Franzosen noch 1808, zusammen mit Soldaten unter der Führung des Generals Francisco Javier Castaños, einige große Niederlagen zu. Das erfahrene und siegesgewohnte napoleonische Heer wurde nach der Schlacht bei dem andalusischen Ort Bailén zur Kapitulation gezwungen. Mit dem spanischen Unabhängigkeitskrieg begann auch der Niedergang der Herrschaft Napoleons über Europa.

Das einzigartige, wenn auch ungezügelte Heldentum der spanischen Bevölkerung erfüllte die französischen Soldaten gleichzeitig mit Schrecken und mit Bewunderung. Die Repression der Franzosen, unterstützt von einem Teil der spanischen Behörden, war zunächst sehr hart. Francisco de Goya hat die Erschießungen der Aufständi-

Das Madrider Volk erhebt sich 1808 gegen die napoleonische Besetzung. Francisco de Goya malte die Erschießung der Rebellen

schen am 3. Mai 1808 in Madrid möglicherweise als Augenzeuge miterlebt und später gemalt. Der auch im Ausland viel bewunderte Aufstand des Volkes stärkte das spanische Nationalgefühl. Er richtete sich allerdings nicht nur gegen die Besatzung durch das französische Militär, sondern vielmehr gegen jeglichen Einfluss aus dem Ausland, natürlich vorwiegend aus Frankreich. Die in Diensten von José I. tätigen Spanier wurden abschätzig als «afrancesados» (etwa: «Französlinge») bezeichnet. Zu diesen zählte man auch die von der Aufklärung und den französischen Enzyklopädisten und Moralisten beeinflussten, meist fortschrittlich gesinnten spanischen Intellektuellen. Unter den aufständischen patriotischen Volksmassen – Bauern, Handwerkern, Mönchen, Ärzten, Advokaten, Kaufleuten, Studenten und vielen Frauen – verband sich Hass gegen die Fremdherrschaft mit Liebe zu altspanischen Traditionen. Die Grenze zwischen Patriotismus und manchmal reaktionärem Nationalismus verschwamm.

DIE VERFASSUNG VON CÁDIZ UND FERDINAND VII.

Nach der endgültigen Niederlage der Franzosen 1814 vertrieb die spanische Bevölkerung den ungeliebten König José I. aus ihrem Land und wünschte sich die Rückkehr des spanischen Bourbonen Ferdinand VII. (1784–1833). Mit seiner ganzen Familie war der Sohn Karls IV. 1808 von Napoleon in Frankreich unter Hausarrest gestellt worden. Ferdinand – mit dem Beinamen «El deseado» («der Ersehnte») – wurde bei seiner Rückkehr nach Madrid von einem jubelnden Volk empfangen. Schon kurz nach seiner Thronbesteigung 1814 entpuppte er sich allerdings als ein wahrer Tyrann. Bereits im Mai 1814 annullierte er die Verfassung, die sich das spanische Volk 1812 in Cádiz gegeben hatte und auf die er als König einen Eid geschworen hatte. Er verfolgte Liberale wie Französlinge, setzte die in der Verfassung verbotene Inquisition wieder ein und machte Spanien zu einem absolutistisch regierten Land. Während Ferdinands von Grausamkeit wie von politischer Unfähigkeit gezeichneter Herrschaft verlor Spanien die meisten seiner Besitzungen auf dem amerikanischen Kontinent. Der vom kämpfenden Volk ersehnte König wurde zum meistgehassten Monarchen aus der Bourbonen-Dynastie.

Schon bei den Beratungen um die Verfassung von Cádiz – die erste schriftlich niedergelegte Verfassung Spaniens – hatten sich die beiden bis heute so viel zitierten Spanien gezeigt: das der Traditionalisten und das der Reformer, auch «Liberale» genannt. Im so lange Zeit von reaktionären Kräften beherrschten Spanien fand das Wort «liberal» seine erste politische Gestalt, und von Cádiz aus ist es in alle europäischen Sprachen übergegangen. Doch obgleich es liberale Tendenzen, die auch über die spanischen Grenzen hinaus wirkten, in der spanischen Geschichte immer wieder gab, hat das liberale Denken in Spanien selbst selten seine Umsetzung in die politische Praxis erreicht.

Um seine Tochter Isabella zur Königin zu machen, änderte Ferdinand VII., der keine Söhne hatte, die Erbfolge. Das führte zu jahrzehntelangen Kämpfen und Intrigen im Land, da sich Ferdinands Bruder Carlos als eigentlichen Thronfolger betrachtete und sich mit jener Änderung nicht abfinden wollte. Die Anhänger von Isabella II. bezeichneten sich als Liberale, die Anhänger von Bruder Carlos als Karlisten. Ihnen schlossen sich die Befürworter aller reaktionären Tendenzen an. Der erste der drei sogenannten Karlistenkriege brach im Oktober 1833, nur sechs Tage nach dem Tod Ferdinands, aus und zog sich bis 1840 hin. Isabella II. regierte, nachdem sie als Kind von ihrer Mutter vertreten worden war, von 1843 bis zu ihrem Sturz 1868, an den sich 1872 der dritte Karlistenkrieg anschloss. Er dauerte bis 1876, überlebte also noch die kurze Erste Republik, die im Februar 1873 ausgerufen wurde und schon im Dezember 1874 ihr Ende fand.

DIE PRONUNCIAMIENTOS UND DIE KURZLEBIGE ERSTE REPUBLIK

Das 19. Jahrhundert war ein verlorenes Jahrhundert für Spanien. Während andere europäische Nationen materiell und kulturell große Fortschritte machten, wurde Spanien von Bürgerkriegen und inneren Auseinandersetzungen gelähmt, musste mit Ferdinand VII. einen tyrannischen König ertragen und mit seiner Tochter Isabella II. eine Königin, die mehr Zeit mit der Suche nach Liebhabern als mit den Regierungsgeschäften verbrachte.

Spanien geriet in einen wirtschaftlichen und technologischen Rückstand, den es erst in der Demokratie seit 1975 aufholen sollte. Die zahlreichen Erfindungen und Neuerungen der Nachbarländer auf dem Gebiet der naturwissenschaftlichen Forschung, der Technik und Industrie konnte Spanien sich damals wenig zunutze machen. Auch das Bildungswesen wurde vernachlässigt; die weitaus meisten

Spanier lernten im Laufe des 19. Jahrhunderts weder schreiben noch lesen, wussten aber gut mit Waffen umzugehen – ein Resultat der zahlreichen Bürgerkriege und Militäraufstände.

Es war in Spanien die Zeit der *Pronunciamientos*, der klassischen Form des spanischen Staatsstreichs. *Pronunciamiento* ist ein schönes und bildstarkes Wort, das als politischer Begriff in andere Sprachen übernommen wurde. Es kommt von *pronunciarse* – sich aussprechen. Wie aber drückt sich ein spanischer General aus? Mit den Mitteln, die er kennt und beherrscht: mit der Waffe in der Hand. Unter den immer wieder putschenden Militärs gab es sehr konservative Generäle, aber auch liberale wie Juan Prim und Leopoldo O'Donnell.

Nach zahlreichen gescheiterten monarchistischen Regierungen wurde im Jahre 1873 mit einer großen Mehrheit in der Nationalversammlung die Erste Republik ausgerufen. König Amadeus I. hatte nach weniger als drei Jahren im Amt (1870–1873) auf die Krone verzichtet und war aus dem chaotischen Spanien wieder in seine italienische Heimat zurückgekehrt. Man hatte ihm die spanische Krone angeboten, nachdem Isabella II. mit einem ihrer Liebhaber nach Frankreich geflohen war. Unter den Politikern der Republik – zum größten Teil Intellektuellen und Wissenschaftlern – fanden sich Zentralisten und Föderalisten, die sich nicht einig wurden. Vier Präsidenten – Estanislao Figueras, Francisco Pi y Margall, Nicolás Salmerón und Emilio Castelar – bildeten innerhalb eines knappen Jahres vier Regierungen, von denen keine Ordnung im Lande herstellen konnte. Salmerón, ein früher Gegner der Todesstrafe, trat von seinem Amt als Präsident der Republik zurück, weil er kein Todesurteil unterschreiben wollte. Castelar, einer der begabtesten Redner der spanischen Geschichte, hielt am 11. Februar 1873 bei der Ausrufung der Republik eine berühmt gewordene Ansprache: «Meine Herren», sagte er, «mit Ferdinand VII. starb die traditionelle Monarchie, mit der Flucht Isabellas II. die parlamentarische, und mit dem Verzicht Amadeus' I. verschwand die demokratische Monarchie. Niemand hat mit der Monarchie Schluss gemacht, sie ist von selbst gestorben.

Niemand hat uns die Republik gebracht; die Umstände, die spanische Gesellschaft, die Natur und die Geschichte haben uns zu Republikanern gemacht. Meine Herren, begrüßen wir die Republik wie die Sonne, die aus eigener Kraft am Himmel unseres Vaterlandes aufgeht.»[15]

Doch die Bourbonen kamen wieder. Kaum hatten die europäischen Länder, auch Deutschland, die Republik mit der Entsendung diplomatischer Vertreter anerkannt, verschwand sie fast so schnell, wie sie gekommen war. Ihren Grabstein setzte im Dezember 1874 der Militärputsch des Generals Arsenio Martínez Campos – ein weiteres *Pronunciamiento*. Der General rief Isabellas Sohn, Alfons XII., zum König aus. Martínez Campos und andere Generäle hatten die Karlisten, die Gegner der liberalen Strömungen in Spanien, so gut wie besiegt.

Unter Alfons XII. erlebte Spanien eine Dekade von relativem inneren Frieden. Der König war beim Volk beliebt und zeigte menschliche Qualitäten. Sein früher Tod infolge einer Tuberkuloseerkrankung raubte den Spaniern wahrscheinlich einen der begabtesten Monarchen aus der Bourbonen-Dynastie.

LIBERALE BILDUNG UND KRAUSISMUS

Das liberale Gedankengut der Verfassung von Cádiz lebte trotz der *Pronunciamientos* fort, wenn auch in zunehmend kleineren Zirkeln. Mit der Gründung der Institución Libre de Enseñanza (der Freien Einrichtung für Erziehung) wuchs der Einfluss des liberalen Denkens wieder spürbar. 1876 wurde das Institut von Francisco Giner de los Ríos und einer Reihe von Studienräten und Universitätsprofessoren ins Leben gerufen. Die Gründer waren mit der katholisch-konfessionellen und konservativen Erziehung und Lehre in Spanien nicht einverstanden, hatten ihre Lehrstühle an staatlichen Universitäten verlassen oder waren wegen ihrer liberalen – häufig antiklerikalen – Ideen von der Regierung entlassen worden. Die Institution übernahm moderne Erziehungs- und Unterrichtsmethoden aus dem Ausland und wurde von liberalen Politikern wie Emilio Castelar, aber auch von manchen Konservativen unterstützt.

Giner de los Ríos und andere führende Persönlichkeiten der Institución Libre de Enseñanza waren *Krausistas*. Die Krausisten beriefen sich auf die philosophische Doktrin des deutschen Denkers Karl Christian Friedrich Krause (1781–1832), der innerhalb des deutschen Idealismus viel von Johann Gottlieb Fichte und Georg Wilhelm Friedrich Hegel übernommen hatte und einen Panentheismus propagierte. In Deutschland schnell vergessen, hat Krause mehrere Generationen spanischer Intellektueller geprägt, und der Krausismus stellte sich in klaren Gegensatz zu dem traditionellen, noch immer der Scholastik verhafteten offiziellen Mehrheitsdenken in Spanien. Die katholische Kirche bekämpfte den Krausismus wie ein böses Gespenst, was nicht verhinderte, dass er in Spanien wie auch in Iberoamerika immer mehr Anhänger fand. Krauses Werk wurde von dem Madrider Professor Julián Sanz del Río, den seine Regierung als Stipendiaten nach Deutschland geschickt hatte, in Spanien eingeführt. Auch er gehörte zur Institución Libre de Enseñanza und wurde später unter der Anklage, Pantheist zu sein, von seinem Lehrstuhl vertrieben. So schuf der deutsche Idealismus – wenn auch nicht mit den Werken seiner wichtigsten Vertreter – in Spanien und Iberoamerika eine Bewegung gegen das ultrakonservative Denken und die klerikale Lehre. Die Schulen der Institución Libre de Enseñanza wurden bis in die ersten Jahrzehnte des 20. Jahrhunderts hinein von vielen der später bedeutendsten Wissenschaftler und Dichter besucht.

Nach der reaktionären Tyrannei Ferdinands VII. brachten die aus der Emigration heimkehrenden Wissenschaftler zusammen mit im Lande gebliebenen und bis dahin unterdrückten Intellektuellen den liberalen Geist der Aufklärung in die Hörsäle der Universitäten. Der für den Anfang des 19. Jahrhunderts noch geradezu programmatische Satz eines Professors an der kleinen frommen Universität im katalanischen Cervera «Gott erlöse uns von der unheilvollen

Manie des Denkens» war schnell zum Gespött innerhalb der spanischen Geisteswelt geworden.

Für die Bildung größerer Kreise in Spanien spielte eine private Institution eine besondere Rolle: das Athenäum (Ateneo Científico y Literario). Es wurde 1835 in Madrid gegründet und erhielt bald Ableger in anderen Städten des Landes. Seine Bibliothek, die größte nach der Nationalbibliothek, öffnete ihre Pforten für die Wissbegierigen bis Mitternacht und gewährte auch den politisch Geächteten Zutritt. In Vorträgen im Ateneo breiteten Arbeiterführer und Männer der Wirtschaft, Militärs, Philosophen und Dichter ihre Ideen aus; in den Diskussionszirkeln konnte man frei über die wichtigsten Themen der Zeit und über grundsätzliche Ideen debattieren. Später, während der Zweiten Republik (1931–1939), sollte eine kuriose Abstimmung im Ateneo stattfinden – über die Frage, ob Gott existiert oder nicht. Der liebe Gott gewann die Abstimmung mit knapper Mehrheit.

Führende Intellektuelle und Politiker wurden zu Präsidenten des Madrider Athenäums gewählt: so Antonio Cánovas del Castillo (1828–1897), der konservative Ministerpräsident und Anreger der monarchistischen Verfassung von 1876, José Echegaray (1832–1916), Finanzminister mehrerer Regierungen und Nobelpreisträger für Literatur, und Manuel Azaña (1880–1940), Schriftsteller, liberaler Parteiführer und Präsident der Zweiten Spanischen Republik. Nach Francos Sieg im Bürgerkrieg wurde die Bibliothek des Ateneo von «unchristlichen und linken Büchern gesäubert». Diese wurden zunächst im Keller des Gebäudes versteckt, mit der Zeit allerdings nach und nach den Mitgliedern wieder zugänglich gemacht. Die Präsidenten des Ateneo wurden in den ersten Jahrzehnten nach dem Bürgerkrieg von der Regierung ernannt. In den letzten Jahren der Franco-Zeit wurde dann die Institution wieder zu einem Hort der offenen und freien Diskussion, an der auch Gegner der Diktatur teilnehmen konnten. *Ateneísta* zu sein wurde zunehmend zu einem Zeichen für liberales Denken und demokratisches Verhalten.

DER VERLUST DES WELTREICHS

Das unselige 19. Jahrhundert war nicht nur die Zeit, in der Spanien den Anschluss an die wirtschaftliche, wissenschaftliche und technologische Entwicklung in Europa verlor; es besiegelte auch den Verlust des spanischen Weltreichs. 1898, nach dem verlorenen Krieg gegen die Vereinigten Staaten, musste Spanien, bis auf einige kleine Besitzungen in Afrika, die letzten Kolonien – Puerto Rico, Kuba und die Philippinen – aufgeben.

Spanien war mit der Entdeckung Amerikas 1492 und der Gründung seiner zahlreichen Kolonien zu einer Weltmacht geworden. Unter dem Habsburger Philipp II., der Spanien 42 Jahre lang regierte, musste es jedoch bereits einen heftigen Schlag verkraften. Philipp II. schickte 1588 seine «unbesiegbare Armada» – welche die Türken vor Malta und im Golf von Lepanto (1571) geschlagen und so Europa vor der türkischen Invasion geschützt hatte – gegen England. Von dort unterstützte Königin Elisabeth I. die Protestanten in den Niederlanden bei ihrem Aufstand gegen Spanien. Doch die spanische Flotte wurde von den Engländern geschlagen und schließlich von schlimmen Stürmen weiter reduziert. Bis Ende des 17. Jahrhunderts versenkten oder beraubten englische Piraten immer wieder spanische Schiffe, die sich auf dem Weg vom amerikanischen Kontinent nach Spanien befanden. Dabei griffen die Engländer unter Führung bekannter Seeräuber wie Francis Drake zu Methoden, die im internationalen Seerecht verboten, von der Regierung in London aber durchaus gebilligt wurden.

In den Kolonien Spaniens, zu denen damals auch der Südwesten der heutigen Vereinigten Staaten (u. a. Kalifornien und Texas) gehörte, machte sich in den ersten Jahrzehnten des 19. Jahrhunderts eine separatistische Stimmung breit: «Los von Madrid!», lautete die Devise. Angesehene Politiker und Militärs sprachen sich für die Loslösung von der spanischen Monarchie aus. Im Mutterland, das zunächst mit dem Krieg gegen Napoleon, dann mit dynastischen Streitigkeiten beschäftigt war, hatte man wenig Neigung, sich mit den

Forderungen in den Kolonien auseinanderzusetzen. Inzwischen aber waren die liberalen Ideen aus Europa auch in den amerikanischen Metropolen aufgenommen worden; der Absolutismus etwa eines Ferdinand VII. schadete dem Ansehen Spaniens. Der Drang nach Unabhängigkeit in den Ländern Südamerikas und Mexiko äußerte sich in vermehrten militärischen Erhebungen. Simón Bolívar und José de San Martín, dieser eigentlich ein spanischer Offizier, kämpften mit ihren Truppen aus der weißen, seit Generationen in Amerika ansässigen Bevölkerung, *criollos* (Kreolen) genannt, gegen das Heer der spanischen Monarchie, das eine Niederlage nach der anderen einstecken musste. So entstanden Schritt für Schritt die neuen republikanischen Staaten wie Argentinien, Mexiko, Chile, Uruguay, Paraguay, Peru, Bolivien, Kolumbien, Venezuela und Ecuador.

Dieser Befreiungskriege und der siegreichen Schlachten wird in den iberoamerikanischen Staaten an Nationalfeiertagen gedacht. Die Unabhängigkeitskämpfe haben aber so gut wie keine bleibenden Narben hinterlassen und stehen einem freundlichen Verhältnis zwischen dem spanischen Mutterland und seinen ehemaligen Kolonien heute kaum im Wege. Die Spanier waren damals militärisch zu schwach, um in einem langen Krieg ihre Souveränität über die Kolonien zu behaupten. Außerdem standen auf beiden Seiten vorwiegend Spanier. Einige spanische Besitzungen, so die Halbinsel Florida, wurden sogar an die Vereinigten Staaten verkauft – der Preis betrug im Falle Floridas fünf Millionen Dollar. Die indianische Bevölkerung beteiligte sich kaum an den Unabhängigkeitskämpfen; ihr erging es denn auch in den neuen unabhängigen Republiken nicht besser als in den früheren Kolonien. Die neuen Staaten bewahrten die spanische Sprache und fühlen sich weiterhin der hispanischen Kultur und der inzwischen von vielen Regierungen geförderten «Iberoamerikanischen Völkergemeinschaft» zugehörig.

Die letzten Kolonien verlor Spanien durch die Intervention der Vereinigten Staaten, die sich schon seit Langem die großen Antillen-Inseln Kuba und Puerto Rico aneignen wollten. Washington unterstützte die kubanischen Unabhängigkeitskämpfer; diese hatten die von Madrid angebotene Autonomie als unzureichend abgelehnt, und es kam von 1895 bis 1898 zum Krieg um die Insel. Madrid übergab den Oberbefehl seiner Truppen dem General Valeriano Weyler, der für seine harten Repressionen gegen Aufständische auf den Philippinen bekannt geworden war. Mit seinen berüchtigten Methoden konnte er auch im Kuba-Krieg Erfolge verzeichnen. Die Regentin María Cristina (reg. 1885–1902) war gegen seine Ernennung gewesen, doch hatte sich Ministerpräsident Cánovas del Castillo gegen sie durchsetzen können. Als Cánovas von einem italienischen Anarchisten ermordet wurde, rief sein Nachfolger, der Liberale Práxedes Mateo Sagasta, «den Mann aus Eisen» aus Kuba zurück.

Die entscheidende Wendung erfolgte jedoch durch den Eintritt der Vereinigten Staaten in den Krieg im Jahr 1898. Washington benutzte dazu eine Explosion auf seinem Kreuzer «Maine», der im Hafen von Havanna lag, als Vorwand. Die von einer nationalistischen Presse aufgehetzte öffentliche Meinung und die US-amerikanische Regierung machten Spanien für die Explosion verantwortlich, bei der 266 Seeleute getötet wurden. Obwohl alle Untersuchungen, auch die der amerikanischen Marine, für eine Explosion im Waffen- und Munitionsarsenal des Schiffes sprachen, behauptete Washington, die Spanier hätten eine Mine unter das Schiff gelegt. Damit hatten die Vereinigten Staaten einen Vorwand für den Eintritt in den Krieg, den sie dann gegen ein schwaches Spanien gewannen. Washington sicherte sich so einen beherrschenden politischen und ökonomischen Einfluss auf Kuba, der bis zum Sieg der Revolutionäre um Fidel Castro am 1. Januar 1959 andauern sollte. Im Friedensschluss von 1898 verlor Spanien nicht nur Kuba, sondern auch Puerto Rico und die Philippinen, die an die Vereinigten Staaten fielen.

DAS KUBA-TRAUMA UND DIE GENERATION VON 1898

Der Verlust Kubas, wo fast die Hälfte der Bevölkerung aus Spaniern bestand – und Spanien sich auch heute noch besonderer Sympathien erfreut –, wirkte auf die Spanier wie eine nationale Katastrophe und löste eine ernsthafte Besinnung der Intellektuellen und Politiker auf die unnützen Konflikte im Innern und den Verlust der Weltmachtrolle ihres Landes aus. «Más se perdió en Cuba» («Mehr ist in Kuba verloren gegangen») wird in Spanien auch heute noch häufig bei Unglücksfällen gesagt. Das Verhalten der damaligen amerikanischen Regierung und der US-Presse hat zu einer allgemeinen Aversion gegen die Vereinigten Staaten in Spanien beigetragen; bei den spanischen Demokraten wurde diese Haltung später noch verstärkt durch die amerikanische Unterstützung für die Franco-Diktatur.

Das Jahr der Katastrophe in Kuba gab einer Generation von Schriftstellern und Denkern den Namen: *Generación del 98*. Sie fragten sich kritisch nach den Ursachen des Scheiterns der spanischen Politik und des Bildungsrückstandes in ihrem Land. Der Dichter und Philosoph Miguel de Unamuno gehört zu dieser Generation, ebenso wie der baskische Erzähler Pío Baroja, der Dramatiker und Romancier Ramón de Valle-Inclán, der Essayist Angel Ganivet und der Lyriker Antonio Machado. Die Erneuerung der spanischen Lyrik verdankte sich damals, wie später noch häufig, Einflüssen aus Iberoamerika und vor allem dem aus Nicaragua nach Madrid gekommenen Dichter Rubén Darío.

Die literarischen und kulturellen Blütezeiten sind in Spanien mehrfach parallel zu Perioden der politischen und wirtschaftlichen Dekadenz verlaufen. Die *Edad de Oro*, das Goldene Zeitalter mit Miguel de Cervantes, den Theaterautoren Pedro Calderón und Félix Lope de Vega, den Dichtern Luis de Góngora und Francisco de Quevedo, hatte zwar schon unter den ersten Habsburgern, Karl V. und Philipp II., begonnen. Seinen Höhepunkt aber erreichte es unter deren unfähigen Nachfolgern, als die spanische Gesellschaft verarmte, körperliche Arbeit als Schande galt und die *novela picaresca*, die Romane der Schelme und kleinen Gauner, zum charakteristischen Genre der Zeit wurden.

OPFER UND KÄMPFER: DIE GENERATION VON 1927

Eine Generation nach der von 1898 fand sich in Spanien dann eine Gruppe von Lyrikern zusammen, wie sie wohl kein anderes Land in dieser Zeit gekannt hat. Es war die nach einem Ehrenakt für den Barockdichter Góngora im Jahre 1927 benannte *Generación del 27*. Die meisten der Lyriker waren in der Ära der Restauration geboren, als die Bourbonen nach dem Scheitern der kurzlebigen Ersten Republik wieder herrschten, denen es nach 1898 nicht mehr gelang, das Land auf Dauer zu stabilisieren. Alfons XIII., der Sohn des früh verstorbenen Alfons XII., war 1902 zum König gekrönt worden. Er billigte von 1923 bis 1930 die Militärdiktatur von Miguel Primo de Rivera. Als bei den Kommunalwahlen 1931 die republikanischen Parteien in den großen Städten siegten, ging der König ins Exil. Auch der Zweiten Republik gelang es nicht, Spanien einen gesicherten politischen, sozialen und wirtschaftlichen Fortschritt zu bringen. Im Gegenteil: Die Uneinigkeit unter den regierenden Republikanern und Sozialisten und der Widerstand der konservativen und monarchistischen Opposition stürzten das Land in tiefe Probleme und führten zum Staatsstreich durch General Francisco Franco.

Die Lyriker der «Generation von 1927» erlebten die Krise der Monarchie, die Krisen und Gefahren der neuen Republik, die meisten den Bürgerkrieg. Sie ergriffen Partei und wurden Opfer der blutigen Auseinandersetzungen im Lande. Federico García Lorca wurde zu Beginn des Bürgerkrieges von Franco-Anhängern ermordet; Rafael Alberti, Luis Cernuda, León Felipe, Pedro Salinas mussten ins Exil; und Miguel Hernández starb in den Kerkern der Bürgerkriegssieger. Der spätere Nobelpreisträger Vicente Aleixandre blieb im Lande, doch wurde seine Dichtung von offizieller Seite lange Zeit totgeschwiegen. Der «Generation von 1927» waren auch der

Maler Salvador Dalí und der Filmregisseur Luis Buñuel eng verbunden.

Von großem Einfluss auch außerhalb Spaniens war der Philosoph und Gesellschaftshistoriker José Ortega y Gasset (1883-1955). Er hatte schon ab 1902 zahlreiche Artikel für Zeitungen und Zeitschriften geschrieben, bevor er zur Vertiefung seines Philosophiestudiums nach Berlin und Marburg ging. In Marburg studierte er vorwiegend bei den dortigen Neukantianern. In Madrid gründete Ortega dann 1923 die «Revista de Occidente», die ähnlich wie die «Nouvelle Revue Française» zu einer der einflussreichsten Zeitschriften Europas wurde. Ortega setzte sich für die Umwandlung Spaniens in eine liberale Republik ein, war dann jedoch von manchen Entscheidungen der 1931 ausgerufenen Zweiten Republik enttäuscht. Während des Bürgerkriegs ging er ins Exil nach Frankreich und Argentinien, wo er nach Francos Sieg mehrere Jahre lang blieb. Zurück in Madrid, erhielt er seinen Lehrstuhl an der Complutense, der Universität Madrid-Alcalá, nicht wieder und gründete 1948 das private Instituto de Humanidades, wo er viel besuchte Vorlesungen und Vorträge hielt. In seinen philosophischen Werken wie den «Meditationen des Quijote» und seinen Büchern über Hegel und Kant hat Ortega y Gasset sein zentrales Konzept der *razón vital* (der vitalen Vernunft) herausgearbeitet. «Der Aufstand der Massen» wurde sein international bekanntestes Werk; hier kündigte er das Ende der von den Eliteschichten getragenen Herrschaft an. Ein noch für die spanischen Reformen der letzten Jahrzehnte wichtiges Buch zur Zeitgeschichte war «España invertebrada» («Das rückgratlose Spanien»). José Ortega y Gasset hat sich sein Leben lang erfolglos für die Bildung einer liberal-laizistischen Rechten in Spanien eingesetzt, welche die klerikale traditionalistische Rechte ablösen sollte.

7

KLERIKALISMUS UND ANTIKLERIKALISMUS

Spanien gilt immer noch als ein sehr katholisches Land. Doch die Mehrheit der Spanier definiert sich zwar als Katholiken, praktiziert ihre Religion aber kaum. Als nationales Bindeglied kann der Katholizismus nicht mehr betrachtet werden; vielmehr hat er die Bevölkerung oftmals gespalten und Klerikale und Antiklerikale zu erbitterten Feinden gemacht. Das musste auch Papst Johannes Paul II. (1978–2005) erfahren. Er hatte offenbar seine Heimat Polen vor Augen, als er im Jahre 1982 bei einer Predigt im Stadion des Fußballklubs Real Madrid gegen die Ehescheidung wetterte. Damit erregte er Ärger und noch mehr Verwunderung. Das spanische Parlament hatte kurz vorher auch mit den Stimmen von Christlichen Demokraten und Konservativen zur allgemeinen Zufriedenheit ein Gesetz beschlossen, das die Ehescheidung legalisierte.

Scheidung war zuvor nur während der Zweiten Republik für kurze Zeit möglich gewesen. Nach dem Bürgerkrieg hatte Franco unter dem Einfluss der katholischen Bischöfe den während der Republik geschiedenen Spaniern befohlen, wieder zu ihren früheren Ehepartnern zurückzukehren und sich von den Frauen bzw. Männern, mit denen sie inzwischen in einer neuen Ehe verbunden waren, zu trennen. Die meisten dachten natürlich nicht daran, dies zu tun, und so vergrößerte sich in der Franco-Zeit die Zahl der «wilden Ehen». Viele der während der Republik korrekt verheirateten Frauen mussten von einem Tag auf den anderen und unter der Häme der nie Geschiedenen die Rolle einer Mätresse übernehmen.

VOLK GEGEN KLERUS

Im Laufe des 19. Jahrhunderts war der Graben zwischen den «beiden Spanien» noch tiefer als zuvor geworden, v. a. während der drei Karlistenkriege. Den Karlisten schloss sich auch ein Teil des Klerus an. Im gesamten 19. Jahrhundert unterstützte die Kirche grundsätzlich die Monarchie, selbst die despotische Herrschaft Ferdinands VII., gegen die liberalen Tendenzen im Land; dies entfremdete alle fortschrittlichen Kräfte von ihr. In der Zeit der Restauration von 1874 bis 1931, in der, abgesehen von der Diktatur des Generals Miguel Primo de Rivera, liberale mit konservativen Regierungen wechselten, behielt die Kirche großen Einfluss, wenn es auch häufig zu Konflikten mit den liberalen Regierungen kam – so etwa beim Streit um Verfassungsreformen.

Als Reaktion auf klerikale Repressionen kam schon im Verlauf des 19. Jahrhunderts eine wachsende antiklerikale Haltung auf. Bereits 1834 nahmen Tausende Menschen an Protesten teil, von denen manche mit der Erstürmung und Brandschatzung von Klöstern und Dutzenden von umgebrachten Ordenspriestern in Madrid endeten. Man gab ihnen die Schuld an der Cholera-Epidemie von 1884 – «Los curas envenenan nuestro agua!» («Die Pfaffen vergiften unser Wasser!»), wurde im Chor durch die Madrider Straßen gerufen, während große Leichenwagen die Choleratoten zu den Friedhöfen transportierten. Mit diesem ersten Massaker an Priestern gingen die antiklerikalen Ausschreitungen während der Cholera-Epidemie in die Geschichte ein. Es sollte nicht das letzte sein.

Als mit dem Beginn der Zweiten Republik 1931 wieder Kirchen und Klöster in Madrid, Málaga, Valencia und Alicante brannten, warf die Kirchenführung der republikanischen Regierung vor, nicht energisch genug auf die Ausschreitungen reagiert zu haben. Doch selbst katholische Politiker wie der spätere Präsident der Republik Niceto Alcalá Zamora meinten, die Monarchisten hätten die Exzesse linker Gruppen provoziert, da sie sich zu verschwörerischen Treffen in Kirchen versammelt hätten. Schließlich verurteilte die republikanische Regierung eindeutig die Ausschreitungen und ließ kirchliche Gebäude vom Heer schützen.

Die republikanischen Parteien legten in der neuen Verfassung von 1931 eine klare Trennung von Kirche und Staat fest. Pedro Kardinal Segura, der radikale, später auf Druck des Vatikans und anderer spanischer Bischöfe zurückgetretene Primas Spaniens und Kardinal von Toledo, sprach in Hirtenbriefen von «der Pest unserer Zeit, dem Laizismus, der von den sogenannten modernen Freiheiten herkommt». In den *Cortes*, dem nationalen Parlament, gab es eine Mehrheit von Abgeordneten, die links von der Regierung standen und diese bei den meisten Abstimmungen unterstützten. Vor den Wahlen von 1933 bildete sich jedoch der Spanische Bund der Autonomen Rechten (CEDA), ein katholisches Parteienbündnis, das dann zur stärksten Fraktion im neuen Parlament wurde. Zum ersten und bisher letzten Mal hatte in Spanien eine ausdrücklich katholische Partei Erfolg bei den Parlamentswahlen. Die republikanischen Katholiken um Alcalá Zamora und den ersten Innenminister der Republik, Miguel Maura, lehnten es allerdings ab, mit der rechtskatholischen und teilweise monarchistischen CEDA zusammenzugehen. Im Oktober 1934 erlebte dann die antiklerikale Gewalt bei dem sozialistischen Aufstand in der Bergarbeiterprovinz Asturien einen weiteren Höhepunkt. Zu den Opfern des Aufstandes gehörten viele von den revolutionären Massen ermordete Priester.

KIRCHLICHE UNTERSTÜTZUNG FÜR FRANCO

Schon bald nach dem 18. Juli 1936, an dem sich ein großer Teil der spanischen Streitkräfte unter Führung General Francos gegen die legitime Regierung der Republik erhob, ergriffen die spanischen Bischöfe eindeutig für die Aufständischen Partei und rechtfertigten den Putsch Francos mit religiösen Argumenten. In einem gemeinsamen Hirtenbrief erklärten sie schließlich den Bürgerkrieg zu einem Kreuzzug (*cruzada*) gegen Kommunisten, Freimaurer und Antichristen und zum wichtigsten religiösen Krieg überhaupt seit

Beginn des Christentums. Einige Bischöfe, wie die von Tarragona und Vitoria, weigerten sich allerdings, diesen Hirtenbrief zu unterschreiben. Die aufständischen Generäle hatten in ihren ersten Erklärungen nach dem Putsch auch keine religiösen Motive für ihren Aufstand erwähnt.

Die Zerstörung von Kirchen und die Verfolgung von Priestern begann in der Zone, in der sich die Republik zunächst behaupten konnte, schon früh – doch nicht auf Anordnung der Regierung. Außer Kirchen wurden auch Gottes- und Heiligenbilder zerstört, was man oft mit burlesken antireligiösen Zeremonien verband.

In manchen Teilen der Bevölkerung saß der Hass auf Kirche und Priester tief. In den Dörfern Südspaniens besuchten damals der Grundbesitzer, der Polizeichef, vielleicht noch der Apotheker die Sonntagsmesse. Die meisten Volksschullehrer hingegen waren keine praktizierenden Katholiken, viele eher Freidenker, und so kam es, dass viele von ihnen nach der Eroberung ihrer Dörfer durch Franco und nach dem Ende des Bürgerkriegs erschossen wurden. Die Landarbeiter, meistens als Tagelöhner verpflichtet, glaubten, sie seien in der Kirche, einem Ort der Reichen, nicht willkommen, und besuchten diese gewöhnlich nur dreimal im Leben: bei der Taufe, bei der Hochzeit und im Sarg. Die soziale Herkunft bestimmte in den Dörfern und Kleinstädten Andalusiens, der Mancha und der Extremadura die religiöse Aktivität und das Verhältnis zur Kirche. Wer in die Kirche ging und rechts wählte, gehörte für die Landarbeiter, die Tag für Tag auf dem Marktplatz den Verwaltern der großen Landgüter ihre Arbeit anboten, zu einer anderen Welt. Der Pfarrer galt dabei als Verbündeter der Reichen. Die Ausschreitungen gegen die Wohlhabenden in der republikanischen Kriegszone hatten jahrhundertealten sozialen Hass und eine antiklerikale Einstellung zum Hintergrund. Insgesamt wurden in den knapp drei Jahren Bürgerkrieg 13 Bischöfe, 4184 Priester, 2565 Ordensgeistliche und 293 Nonnen ermordet.[16]

Auch in den von Franco eroberten baskischen Provinzen wurden Priester getötet, und zwar von Franco-Anhängern. Es waren Priester, die der Baskisch-Nationalistischen Partei (PNV) nahestanden. Diese hatte, obwohl sie in ihrer Ideologie sehr katholisch war, die Loyalität zur Republik bewahrt.

Den Sieg Francos, mit dem der Bürgerkrieg am 1. April 1939 zu Ende ging, feierte die katholische Hierarchie. Die Bischöfe waren sicher, dass das neue Regime sich dankbar für ihre Unterstützung im Krieg und großzügig bei der Finanzierung der Kirche zeigen würde. Auch hoffte man auf Präsenz in staatlichen Institutionen. Obwohl die Bischöfe vom Staat noch mehr forderten, als dieser ihnen geben wollte, hat die katholische Kirche selten so viel Unterstützung jeglicher Art bekommen wie in der Zeit Francos. Die meisten Mittel für den Wiederaufbau der in der republikanischen Zone zerstörten Kirchen kamen vom Staat, der auch die Gehälter der Priester bezahlte. Drei Bischöfe schickte die Kirche in das Ständeparlament Francos. Als Franco in den ersten beiden Friedensjahren mehr als 100 000 Menschen hinrichten ließ, baten einige Bischöfe und Priester um Nachsicht und christliche Barmherzigkeit, doch von der Kirchenführung wurde keine Kritik an dem staatlichen Massenmord geäußert. Sie wollte ihr Bestreben, auch an der weltlichen Macht teilzuhaben, nicht aufs Spiel setzen und den Diktator Franco auf keinen Fall verärgern. Die katholische Laienorganisation Opus Dei stellte Minister in mehreren Regierungen der Diktatur, und ihre Politiker bemühten sich später, von einigen Ausnahmen abgesehen, das Franco-Regime über den Tod des Diktators hinweg zu retten.

Vertreter der Kirche saßen in zahlreichen staatlichen Institutionen und Behörden. Liberale Kreise prangerten an, dass auch in der Zensur für Film und Theater die *curas*, die Pfaffen, das Sagen hatten. Selbst gegen Filme, die von der staatlichen Zensur scharf zusammengeschnitten worden waren, wetterten die Priester noch von der Kanzel aus und forderten ihre Gläubigen auf, die Filmplakate abzureißen und die Kinobesucher zu belästigen. Einzelne Bischöfe verboten den Jugendlichen ihrer Diözesen zu tanzen. «Der Tanz provoziert durch das lange Sichanfassen sexuelle Erregungen und führt zur Sünde. In einem katholischen Staat wie Spanien dürfen die Katholiken nicht tanzen»,[17] empfahl der Bischof Nájera von Orense. Er blieb mit diesem Gebot aber, wie die meisten anderen seiner Amtsbrüder, ohne Erfolg. Das Tanzen ließen sich die Spanier nicht nehmen. Die Kirche versuchte auch, die Rocklänge der Frauen zu bestimmen und die Größe der Badeanzüge. Noch Ende der 50er-Jahre zogen mit Bürsten und Eimern voller roter Farbe bewaffnete Jugendliche, angeführt von Priestern, an die Strände von San Sebastián und strichen die Körper von Frauen im Bikini und Männern in zu kurzer Badehose mit roter Farbe an.

Die kleinlichen Zensurmaßnahmen der Kirche und ihre Moralpredigten empörten in den 50er- und 60er-Jahren viele Spanier und verstärkten die antiklerikale Stimmung in der Bevölkerung. Sie fühlte sich doppelter Repression ausgesetzt: von Seiten der politischen Diktatur und von Seiten der Kirche. Obwohl die Zahl der praktizierenden Katholiken auch in jenen Jahren ständig zurückging, wurde der Besuch der Sonntagsmesse für alle Amtsträger und manche Berufe zur Pflicht gemacht. Die Kirche hatte fast ein Monopol bei den privaten Schulen, die vorwiegend von den Kindern Wohlhabender besucht wurden. Die Universitäten waren hingegen bis auf ganz wenige Ausnahmen staatlich. Unter den Studenten der drei großen Universitäten – Madrid, Barcelona und Valladolid – waren die Proteste gegen das Regime schon in den 60er-Jahren recht häufig und konnten weder von den Rektoren noch von der Polizei verhindert werden.

DISTANZ ZUM REGIME UNTER KARDINAL TARANCÓN

Ab 1960 zeigten sich Risse in der spanischen Bischofskonferenz: Die Mehrheit der Prälaten wagte es zwar immer noch nicht, Maßnahmen des Regimes zu kritisieren, doch eine Minderheit, zu der der spätere Präsident der Bischofskonferenz Vicente Enrique y Tarancón gehörte, unterstützte die Forderungen streikender Arbeiter, wies auf die krassen Fälle von sozialer Ungerechtigkeit hin und denunzierte Exzesse der polizeilichen Repression gegen Streikende und Demonstranten. Die Zweigorganisationen der Katholischen Aktion, Arbeitnehmerbruderschaften (HOAC) und Arbeiterjugend (JOAC), unterstützten effektiv die sozialen Forderungen der verbotenen Arbeiterorganisationen. Die vorwiegend von Mitgliedern der Kommunistischen Partei Spaniens gegründete Gewerkschaft Arbeiterkommissionen (CC.OO.) konnte Zusammenkünfte in Klöstern und in den Räumen anderer katholischer Institutionen abhalten.

Im September 1971 berief Kardinal Tarancón eine gemeinsame Versammlung von Bischöfen und Priestern ein. Die 171 teilnehmenden Priester waren vom Klerus der einzelnen Diözesen gewählt, die Zahl der jungen Geistlichen überwog. Die Versammlung, in der eine klare Distanz vom Staat, von der Diktatur, festgelegt wurde, bedeutete das vorläufige Ende des spanischen Nationalkatholizismus. Dieser hatte das Schicksal der Kirche eng mit dem des Staates verbunden. Spanien war als eine «katholische Insel» definiert worden, welche die «Ansteckung» durch die Nachbarländer vermeiden müsse. José Antonio Primo de Rivera, der Gründer der Falange-Partei, in der sich faschistische Ideen mit der katholisch-spanischen Tradition verbanden, hatte das so ausgedrückt: «Die Spanier sind die letzten Träger der ewigen Werte, die in der Welt noch verbleiben.»

Das Zweite Vatikanische Konzil hatte auch Einfluss auf die zunehmende Distanzierung mancher Bischöfe von der Diktatur. Wie erwähnt, beriefen die Päpste Johannes XXIII. und Paul VI. auf die frei gewordenen Bischofsstühle in Spanien fast nur noch Kandidaten, die einen gewissen Abstand zum Regime an den Tag legten. Daher war 1975, im Jahr, als Franco starb, Kardinal Tarancón bereits Vorsitzender der Bischofskonferenz und Erzbischof von Madrid. In seiner Predigt zur Amtseinführung von König Juan Carlos I. forderte Tarancón diesen auf, Spanien zu Frieden, Fortschritt, Freiheit und politischer Mitbestimmung aller Bürger zu führen. Für die Kirche verlangte er die Freiheit, das «ganze Evangelium» verkünden zu können, dafür würde sie auf die ihr von der Franco-Diktatur verliehenen Privilegien verzichten.[18]

Am Ende der Diktatur erkannte die demokratische Opposition, einschließlich der Sozialisten und Kommunisten, an, dass die Kirche unter Tarancón sich von der Diktatur distanziert hatte. Einen Antiklerikalismus der Linken gab es zu dieser Zeit und in den ersten Jahren der Transition nicht. Hingegen demonstrierte die offen faschistische extreme Rechte mit Spruchbändern wie «Tarancón al paredón» («Tarancón gehört an die Wand gestellt») gegen die spanische katholische Kirche und ihre Führung.

Tarancón und seine Verbündeten in der Bischofskonferenz wollten keine christlich-demokratische Partei in Spaniens junger Demokratie. Sie wiesen darauf hin, dass es in allen Parteien Katholiken gebe, selbst in der Kommunistischen Partei Spaniens, in der einige bekannte Theologen politisch tätig waren. Die christlich-demokratischen Gruppen blieben bei den Wahlen erfolglos, mit Ausnahme der Baskisch-Nationalistischen Partei (PNV), in der sich christlich-demokratisches Gedankengut mit einem regionalen baskischen Nationalismus verbindet.

KRITIK AN DER REGIERUNG ZAPATERO

Als Reaktionen auf einen neuen Klerikalismus sind antiklerikale Stimmungen jüngst unter der Regierung des Sozialisten José Luis Rodríguez Zapatero ab 2004 wieder aufgekommen. Gemeinsam mit Politikern der konservativen Volkspartei führten die Bischöfe Massendemonstrationen in den Straßen Madrids gegen die sozialistische Regierung an: gegen ein neues Schulgesetz, gegen die Einführung des Faches Staatsbürgerkunde, gegen die Gespräche der Regierung mit der baskischen Terroristenorganisation Eta mit dem Ziel einer Aufgabe der Gewalt. Dabei hatten sie selbst die Gespräche der früheren konservativen Regierung mit der Eta gutgeheißen, und einer der Bischöfe hatte an diesen Gesprächen sogar als Vermittler teilgenommen. Dass die Bischofskonferenz nun verkündete, man könne keine Partei wählen, die mit Terroristen verhandle, wurde allgemein als «der Gipfel klerikaler Heuchelei» bezeichnet.

Die sozialistische Partei machte die Wahlempfehlung der Bischöfe, für die konservative Oppositionspartei zu stimmen, weit bekannt. Sie wusste genau, dass diese Parteinahme eher den gegenteiligen Effekt auslösen und ihnen, den Sozialisten, Stimmen bringen würde. Bischöfe, die sich allzu sehr in die Politik einmischen, sogar Wahlanweisungen geben, erinnern die Spanier zu sehr an die Zeiten des offiziellen Klerikalismus, als die Kirche sich an der Repression durch Könige und Diktatoren beteiligte.

Die heutige Bischofskonferenz, die nichts mehr mit der von Tarancón geführten zu tun hat, erregt bei vielen Spaniern Aversionen. Sie unterhält als Mehrheitsaktionär eine Radiosenderkette, die sich nicht nur als Propagandainstrument der konservativen Volkspartei (PP) versteht, sondern auch die Politiker anderer Parteien ständig mit derbem, manchmal obszönem Vokabular beschimpft und verteufelt. Die bischöfliche Radiokette gilt heute in Spanien als das wichtigste Medium der extremen Rechten; selbst Liberale innerhalb der Volkspartei wie den Bürgermeister von Madrid nimmt sie von ihren Schimpfkanonaden nicht aus. Ihn nannte sie eine Zeit lang einen Sohn Satans. Dass die Kirche das mit großer parlamentarischer Mehrheit beschlossene Gymnasialfach Staatsbürgerkunde heftig bekämpft, bleibt den meisten Spaniern unverständlich, ebenso wie die kirchliche Verteufelung des laizistischen Staates, den es möglicherweise woanders, aber nicht in Spanien geben dürfe. Ihren Einfluss auf das spanische Erziehungssystem hat die Kirche bis heute durch die zahlreichen Ordensschulen gewahrt.

8

DIE ANARCHISTISCHE BEWEGUNG

In keinem europäischen Land hat der Anarchismus, «der freiheitliche Kommunismus», so viele Anhänger und so großen politischen Einfluss gehabt wie in Spanien. Über die Gründe dafür gibt es unterschiedliche Meinungen. Der spanische Charakter neige zu dem Extremismus der anarchistischen Lehren als Reaktion auf die jahrhundertelange Unterdrückung der ärmeren Bevölkerung, fasst James Joll die Meinungen anderer Autoren zusammen, was allerdings schwer zu beweisen ist.[19] Nach Joll fördert auch der in Spanien verbreitete Individualismus, verbunden mit der typisch spanischen hohen Selbstachtung, die Annahme einer politischen Doktrin, welche jedem einzelnen Menschen die Verantwortung für seine Taten gibt. Daneben hatten im Spanien des ausgehenden 19. Jahrhunderts viele Menschen – Landarbeiter ohne Land und ohne irgendwelchen Besitz – überhaupt nichts zu verlieren. Das würde die These des russischen Revolutionärs Michail A. Bakunin (1814–1876) bestätigen, dass nur die, welche eben nichts zu verlieren haben, sich in wirkliche Revolutionäre verwandeln können. Jedenfalls war die anarchistische Doktrin in Spanien früher und weiter verbreitet als der Marxismus, und die Verbindungen zwischen Bakunin und seinen Anhängern in Spanien waren sehr rege.

Die Ideen des französischen Philosophen Pierre-Joseph Proudhon (1809–1865) von der Abschaffung des Staates fanden bei Intellektuellen und im spanischen Mittelstand zahlreiche Adepten und wurden viel diskutiert. Der Führer der föderalistischen Partei Partido

Federal Francisco Pi y Margall, einige Monate Präsident der Ersten Spanischen Republik, hatte Proudhon ins Spanische übertragen. Der spanische Anarchismus setzte sich bis zum Bürgerkrieg für einen föderalistischen Staat ein und bekämpfte die von den Bourbonen-Königen ab 1700 aus Frankreich importierte zentralistische Staatsstruktur.

DER «BEWUSSTE ARBEITER» UND DIE DIREKTE AKTION

1872 spaltete sich die Erste Internationale in die Anhänger von Marx und die von Bakunin. Bei einem Kongress 1873 in Córdoba sprach sich daraufhin die spanische Sektion zugunsten von Bakunins Idee des «freiheitlichen Kommunismus» aus. Die Idealfigur innerhalb der spanischen Anarchisten war die des *obrero consciente*, des «bewussten Arbeiters». Er konnte Land- oder Fabrikarbeiter, aber auch Künstler sein – die meisten realen «bewussten Arbeiter» fanden sich bezeichnenderweise in der Branche der Buch- und Zeitungsdrucker. Der *obrero consciente* hatte die Werke von Bakunin, Pjotr A. Kropotkin und Errico Malatesta gelesen und besuchte Vorträge über Politik und Kultur. Er lebte sehr enthaltsam, was Alkohol, Tabak und Sex anging, Geld hielt er für sündhaft, Geldgeschäfte für die schlimmste moralische Verirrung. Den Staat lehnte er ab, hielt aber viel von Treue und Familie. Er zog es vor, mit einer *compañera* (Gefährtin) zusammenzuleben statt mit einer ihm durch bürgerliche Eheschließung verbundenen Ehefrau. Solche «bewussten Arbeiter» waren die intellektuellen und moralischen Führerfiguren des spanischen Anarchismus. Der einflussreichste von ihnen war wohl Anselmo Lorenzo (1841–1914), ein weit gereister Drucker und Autor zahlreicher politischer Schriften.

Häufiger als die «bewussten Arbeiter» waren im spanischen Anarchismus allerdings die Männer der direkten Aktion, die *hombres de la acción directa*. Direkte Aktion – das konnte außer Streik, Boykott und Kampagnen zur Befreiung politischer Häftlinge auch der politische Mord sein. Der Glaube, dass die Ausschaltung der Schlüsselfiguren aus den bestehenden Machtstrukturen der Politik und der Wirtschaft die Zerstörung des Unterdrückerstaates erleichtern würde, wurde für solchen Mord als Rechtfertigung herangezogen. Rache für Leid und Tod infolge der Unterdrückung von Protesten der Arbeiterklasse war ein weiteres Motiv für die direkten – oft von Einzelnen geplanten und ausgeführten – Aktionen. Diesen fielen drei spanische Regierungschefs – Antonio Cánovas (1897), José Canalejas (1912) und Eduardo Dato (1921) – zum Opfer, die alle von anarchistischen Gruppen ermordet wurden. Am 31. Mai 1906 warf der katalanische Anarchist Mateo Morral von einem Balkon der Madrider Straße Calle Mayor eine Bombe auf die Hochzeitskutsche des Königs Alfons XIII. Zahlreiche Menschen wurden getötet, das junge Königspaar blieb unverletzt.

Der Staat antwortete auf solche anarchistischen Attentate mit verstärkter Repression. Massenverhaftungen und Folter führten zu einer verhängnisvollen Dialektik von Repression und Gewalt bei den anarchistischen Arbeitern und der Polizei. Schon 1896 hatte das Parlament ein Gesetz zur Verfolgung des Anarchismus verabschiedet, und zahlreiche Anarchisten wurden, trotz der Proteste der europäischen Liberalen und nicht immer mit eindeutigen Beweisen, zum Tode verurteilt und hingerichtet. Da Mateo Morral, der Attentäter auf die Kutsche des Königspaars, als Bibliothekar eine Zeit lang in der anarchistischen Escuela moderna in Barcelona gearbeitet hatte, wurde der Direktor dieser Schule, der die Gewalt ablehnende Pädagoge Francisco Ferrer, verhaftet. Zunächst wurde er von der Anklage, ein Komplize Morrals bei dem Versuch des Königsmordes gewesen zu sein, freigesprochen, dann aber drei Jahre später ohne Beweise für eine Schuld zum Tode verurteilt und hingerichtet.

Im Jahre 1873 führten Anarchisten die Proteste und den Generalstreik der Arbeiter von Alcoy an. Dieser Streik mit dem Ziel eines Acht-Stunden-Tags in den Papierfabriken von Alcoy wurde zu einem wahren Volksaufstand. Die Arbeiter zündeten die Fabriken an, töteten den Bürgermeister und marschierten durch den Ort, auf Stangen die Köpfe von ermordeten Polizisten vor sich hertragend. Alcoy wurde zu einem Sinnbild des heroischen Aufstands für die einen – darunter viele Anarchisten – und des Grauens für die anderen.

Besondere Gewalttätigkeit erlebte Spanien in der sogenannten tragischen Woche von Barcelona Ende Juli 1909. Ausgelöst durch den Protest gegen die Einschiffung von Soldaten für den Marokko-Krieg, wurden Kirchen und Klöster angezündet; die Regierung rief das Kriegsrecht aus und setzte zur Unterdrückung der Arbeiter das Militär ein. Das Ergebnis der «tragischen Woche» waren über 100 Tote, 300 Verletzte und 500 Verhaftete. An den Streiks hatten sich sozialistische wie anarchistische Arbeiter beteiligt; die Ausschreitungen gegen die Kirche und den Klerus gingen vorwiegend auf das Konto der Anarchisten.

Die Anarchisten waren besonders stark unter den andalusischen Tagelöhnern im Süden des Landes und im Osten unter den zugewanderten Fabrikarbeitern in Katalonien. In den 30er-Jahren war die anarchistische Gewerkschaft Nationaler Bund der Arbeit (CNT) die größte Gewerkschaft der Welt, gleich vor der Allgemeinen Arbeiterunion (UGT), in der sich die sozialistischen spanischen Arbeiter zusammengeschlossen hatten. Damit gab es in der Arbeiterbewegung bis zum Bürgerkrieg zwei dominierende Sektoren: die Anarchosyndikalisten, die eine große Solidarität unter den Arbeitern mit den Ideen Bakunins von der Abschaffung des Staates verbanden, und die zunächst marxistischen Anhänger der UGT und der Spanischen Sozialistischen Arbeiterpartei (PSOE).

SOZIALISTEN UND GEWERKSCHAFTEN

Seit der Zweiten Republik ist der PSOE die weitaus größte politische Formation der Linken, der sich heute auch verbleibende Anarchisten angeschlossen haben, die keine eigene politische Organisation mehr besitzen. Die sozialistische Partei war 1879 im Hinterzimmer der Taverne Casa Labra im Madrider Stadtzentrum von einer Gruppe gewerkschaftlich tätiger Arbeiter, unter Führung des Buchdruckers

Pablo Iglesias (1850–1925), gegründet worden. 1888 schlossen sich dann in Barcelona mehrere gewerkschaftliche Gruppen und Arbeiterassoziationen zur sozialistischen Gewerkschaft Allgemeine Arbeiterunion (Unión General de Trabajadores, UGT) zusammen. Iglesias blieb auch 1919, als ihn eine Krankheit zur weitgehenden Aufgabe seiner politischen und gewerkschaftlichen Aktivitäten zwang, Generalsekretär der Partei und der UGT. Er wehrte sich mit aller Entschiedenheit, der kommunistischen Dritten Internationalen beizutreten, und lehnte den Zusammenschluss des PSOE und der Kommunistischen Partei Spaniens (PCE) ab. 1910 wurde er als erster Sozialist zum Abgeordneten ins Parlament gewählt. Seine Antrittsrede, die die Richter, die Kirche und den Kapitalismus scharf kritisierte, erregte großes Aufsehen und führte zu Tumulten im Abgeordnetenkongress.

Anarchistische und sozialistische Gewerkschaftler diskutierten öffentlich über die ideologischen Grundlagen der beiden Bewegungen und darüber, auf welchem Weg eine Revolution zu erreichen wäre. Bakunin und Marx waren die großen ausländischen Paten der beiden Gewerkschaften. Die Presse- und Ausdrucksfreiheit war übrigens in der Zeit der bourbonischen Restauration (1874–1931) in Spanien vergleichsweise groß. Welche Basis die Anarchisten tatsächlich in der Bevölkerung hatten, zeigt sich beim Vergleich von zwei Wahlen während der Zweiten Republik. Im Herbst 1933 boykottierten die Anarchisten die Wahlen, und die Rechte siegte. Im Februar 1936 gingen die Anarchisten zu den Wahlurnen, und die Volksfront erlangte eine klare Mehrheit der Abgeordnetenmandate.

DIE ANARCHISTEN IM BÜRGERKRIEG

Im Spanischen Bürgerkrieg kämpften die Anarchisten aufopferungsvoll und tapfer, wenn auch nicht immer diszipliniert auf Seiten der Republik. Barcelona wurde vor allem von den Anarchisten, der Gewerkschaft CNT und der FAI (Federación Anarquista Ibérica), erfolgreich gegen die aufständischen Militärs verteidigt. Buenaventura Durruti war der bekannteste Kommandant der anarchistischen Brigaden, die von Barcelona nach Aragonien aufbrachen und vergeblich versuchten, Saragossa zu erobern. Durruti, der gefeierte Volksheld, wurde am 20. November 1936 bei der Verteidigung der Madrider Universitätsstadt hinterrücks von einer Kugel aus dem Gewehr eines Heckenschützen oder eines persönlichen Feindes aus den eigenen Reihen getötet. Zu seiner Beerdigung marschierten 200000 Anarchisten durch die Straßen Barcelonas.

Kurze Zeit später begannen die Kommunisten, geführt von sowjetischen Politkommissaren, einen «Krieg im Krieg» gegen die Anarchisten und Trotzkisten.[20] Nur knapp einen Monat nach Durrutis Tod jubilierte die sowjetische Zeitung «Prawda» bereits: «In Katalonien hat die Säuberung der Städte von trotzkistischen und anarchistischen Elementen begonnen und wird mit der gleichen Kraft fortgesetzt werden wie die Säuberungen in Russland.»[21] «Prawda» hatte zu früh gejubelt. Die Anarchisten spielten noch eine wichtige Rolle bis zum Ende des Bürgerkriegs und auch danach als Guerrilleros in der Franco-Zeit. Im Laufe des Bürgerkriegs wurden die anarchistischen Brigaden diszipliniert, während sich ihnen bis dahin nahezu unkontrolliert viele radikale Gruppen und auch gewöhnliche Kriminelle und entlassene Straftäter angeschlossen hatten. Ihnen werden die meisten im republikanischen Lager begangenen Verbrechen zur Last gelegt.

Als die Situation der Zweiten Republik im Herbst 1936 wirklich kritisch wurde, traten die Anarchisten der von dem Sozialisten Francisco Largo Caballero geführten Regierung bei. Federica Montseny, eine bedeutende Intellektuelle in der anarchistischen Bewegung, übernahm das Gesundheitsressort. Ein Anarchist wurde sogar Justizminister. Das konnten viele Kämpfer des linken Flügels und Anhänger der Theorie von der «direkten Aktion» schlicht nicht verstehen. Der Eintritt von insgesamt vier anarchistischen Ministern in die Koalitionsregierung der Republik erschien manchen Anarchisten als ein «Verrat an der reinen Lehre». Schließlich waren der Staat und seine Justiz die Urfeinde der anarchistischen Bewegung. Doch selbst

Buenaventura Durruti, der 1923 in einer seiner zahlreichen direkten Aktionen den Erzbischof von Saragossa ermordet hatte, billigte die Regierungsbeteiligung, um auf diese Weise eher den Krieg gewinnen zu können. Einzelne anarchistische Kommandos sahen sich aber jetzt erst recht bestärkt in ihrem Willen, Attentate und Verbrechen zu planen, ohne die Führung der CNT oder der FAI zu konsultieren.

Der offene Kampf zwischen Anarchisten und Kommunisten in Katalonien schwächte die republikanische Seite. Die Anarchisten wollten noch während des Krieges die Revolution herbeiführen; so wurde zum Beispiel in einigen der von ihnen eroberten Ortschaften das Geld abgeschafft. Aber Kommunisten, Sozialisten und liberale Republikaner wollten zunächst einmal den Krieg gewinnen und erst dann die revolutionäre Umwandlung Spaniens vollziehen. Der französische Schriftsteller und Spanienkenner André Malraux hat in seinem großen Roman «L'Espoir» die Unterschiede zwischen Kommunisten und Anarchisten im Bürgerkrieg in knappen Formulierungen zusammengefasst: Mit den beiden Verben *être* und *faire* – «sein» und «machen» – stellt er die Gegensätze dar: «Die Anarchisten wollen die Revolution sein (*être la révolution*), die Kommunisten die Revolution machen (*faire la révolution*).»[22]

WIDERSTAND UNTER FRANCO UND ZERSPLITTERUNG

Während der Diktatur des Bürgerkriegssiegers leisteten kleinere anarchistische Guerrillatruppen noch Widerstand mit direkten Aktionen, vorwiegend in Katalonien. Nach den Attentaten zogen sich die Guerrilleros über die grüne Grenze der schwer zugänglichen Pyrenäenberge nach Frankreich zurück. Auch bei diesen Aktionen bewahrten die Anarchisten ihren Sinn für das Spektakuläre. In Barcelona überfielen sie mehrmals Luxusbordelle, zwangen die reichen Kunden aus der konservativen Bourgeoisie auf die Straße und führten sie dort vor.

Nicht wenige spanische Anarchisten und Anarchosyndikalisten wurden in der Franco-Zeit hingerichtet: in den ersten Jahren nach

Kriegsende wegen ihrer Gewerkschaftszugehörigkeit, später dann vor allem wegen subversiver Aktivitäten und angeblicher Umsturzversuche. Einen Umsturz trauten Francos Militärgerichte sogar Einzeltätern zu. Manche Anarchisten wurden mit der «hässlichen Würgeschraube» (*garrote vil*) für Taten hingerichtet, die sie nicht begangen hatten. Nach dem Tode Francos versuchten sich die Anarchisten in Spanien neu zu organisieren und veranstalteten mit ihren rot-schwarzen Fahnen große Demonstrationen. In Barcelona fand im Jahr 1977 sogar der «Weltkongress des freiheitlichen Kommunismus» statt. Die Gewerkschaft CNT zersplitterte jedoch in mehrere Gruppen, deren Führer untereinander zerstritten waren. Da keine der Gruppen beweisen konnte, Nachfolgeorganisation und Erbin der alten CNT zu sein, verloren die Anarchisten einen großen Teil der Wiedergutmachung, welche die neue Demokratie den von Franco enteigneten Organisationen zukommen ließ. Die sozialistische Gewerkschaft UGT beispielsweise erhielt auf diesem Wege viele ihrer Volkshäuser (*Casas del pueblo*) zurück.

In einigen größeren Betrieben Kataloniens gibt es auch heute noch kleinere Gewerkschaften mit anarchosyndikalistischer Ideologie, die für die kollektive Selbstorganisation der Produktion eintreten. An die revolutionäre Überwindung des kapitalistischen Staates auf kurze oder mittlere Sicht glauben diese Gewerkschaftler allerdings nicht mehr. Die direkte Aktion lehnen sie ab, sind aber leichter als die übrigen spanischen Gewerkschaftler zu großen Streiks zu bewegen, wenn es um die Verbesserung konkreter Lebensbedingungen geht.

Der ländliche Anarchismus in Andalusien lebt in einigen Landarbeiterorganisationen fort, die aber unter den *jornaleros* (Tagelöhnern) nur eine Minderheit repräsentieren. In kleinen, vorwiegend von *jornaleros* bewohnten Gemeinden gibt es auch Bürgermeister aus diesen Organisationen. In der Politik des Landes Spanien hat der Anarchismus jedoch nach dem Tode Francos keine Rolle mehr gespielt.

9
DIE BEZIEHUNGEN ZU IBEROAMERIKA

LATEINAMERIKA – HISPANOAMERIKA – IBEROAMERIKA

Der Begriff «Lateinamerika» war zunächst ein Propagandawort und wurde zum ersten Mal von dem französischen Ökonomen Michel Chevalier Mitte des 19. Jahrhunderts gebraucht. Die französische Politik erfasste sogleich den kulturpolitischen und staatspolitischen Nutzen dieses an sich sehr unpräzisen Begriffes. Seine Propagierung durch die Franzosen richtete sich gegen Spanien, später auch gegen die Vereinigten Staaten. Die Rolle der Spanier, die den amerikanischen Kontinent entdeckt und den größten Teil Südamerikas, ganz Mittelamerika und einen beachtlichen Teil Nordamerikas kolonisiert hatten, sollte verringert werden. Frankreich hingegen, das auf dem südlichen Teil des Kontinentes nur in Haiti, in der winzigen Kolonie Guayana-Cayenne und auf einigen kleinen Antillen-Inseln sprachliche Spuren hinterlassen hatte, konnte sich auf dem Umweg über den Begriff «lateinisches Amerika» einen Platz unter den kulturellen Vätern des Subkontinents erschleichen, der ihm eigentlich nicht zustand. Als man in Frankreich dann nicht ohne Grund die Vereinigten Staaten verdächtigte, die Antillen und Mittelamerika annektieren zu wollen, sprach man in Paris von der Notwendigkeit eines «lateinischen» Walls «gegen imperialistische Pläne des Nordens». Napoleon III. ließ seine Truppen 1862 in Mexiko einmarschieren, löste die mexikanische Republik auf und setzte den habsburgischen Prinzen Maximilian als Kaiser von Mexiko ein. Dieses Abenteuer, das Maximilian 1867 das Leben kostete, ist auch im

Zusammenhang mit dem französischen Anspruch zu sehen, Führungsmacht für ein «lateinisches» Amerika – im Unterschied zum «angelsächsischen» – zu werden.

Der Begriff «Lateinamerika» ist nicht nur von zweifelhafter Herkunft, er wird auch unpräzise angewandt: Einmal sind nur die 19 spanischsprachigen Länder des amerikanischen Kontinents und das portugiesischsprachige Brasilien gemeint, dann wieder wird auch Haiti eingeschlossen, was dem Terminus gerecht wird. Der den Vereinigten Staaten angeschlossene Freistaat Puerto Rico mit Spanisch als einziger Amtssprache fühlt sich kulturell ebenfalls dazugehörig. Und schließlich gehören zahlreichen lateinamerikanischen Wirtschaftsorganisationen auch englischsprachige Länder wie Jamaika oder Trinidad-Tobago an.

Der Begriff «Hispanoamerika» wurde eine Zeit lang in Spanien viel gebraucht, womit man allerdings Brasilien ausschloss. Richtig ist es, von der hispanoamerikanischen Literatur zu sprechen, denn damit ist die Literatur der amerikanischen Völker gemeint, die Spanisch sprechen. Der mexikanische Nobelpreisträger Octavio Paz hat die Bezeichnung so begründet: «Das ist eine historische, vor allem eine sprachliche Definition. Es gibt keine andere Möglichkeit, denn die grundlegende und bestimmende Realität einer Literatur ist ihre Sprache. Für uns Hispanoamerikaner ist die ursprüngliche, die grundlegende Tradition, die Tradition, die uns wie keine andere gehört, die spanische. Von ihr aus schreiben wir, auf sie zu oder gegen sie: Sie ist unser Ausgangspunkt.»[23]

Die historisch und geographisch genauesten Bezeichnungen sind «Iberoamerika» und «iberoamerikanisch» für die Gebiete, die von Spanien und Portugal, den beiden iberischen Ländern, kolonisiert und zeitweise beherrscht wurden und die deren Sprachen sprechen. Spanisch und Portugiesisch sind mit Ausnahme einiger abgelegener Gegenden tatsächlich zu den Sprachen der dort lebenden Völker geworden und sind nicht wie Französisch und Englisch in den früheren Kolonien Afrikas und Asiens Sprachen einer kleinen

Elite geblieben. Es wäre daher erfreulich, wenn sich die Bezeichnung «Iberoamerika» durchsetzen würde. Entscheidender jedoch als historische und philologische Präzisionen ist der Wille der Menschen in den Ländern selbst. Sie ziehen «Lateinamerika» vor, ohne «Iberoamerika» abzulehnen. Allerdings wissen sie auch, dass der Begriff *Latinos* in manchen Ländern, besonders in den englischsprachigen, einen abschätzigen Beiklang hat.

**SPANISCHE HILFE FÜR DIE
IBEROAMERIKANISCHE DEMOKRATISIERUNG**

In den ersten Jahren nach dem Ende der Diktatur begann Spanien, sich um die Verbesserung seiner Beziehungen zu Iberoamerika zu bemühen. Während des Franco-Regimes hatte sich das traditionell enge Verhältnis abgekühlt. Zahlreiche Intellektuelle und Schriftsteller bevorzugten damals die Verbindungen zum demokratischen Frankreich, in dem sie nicht mit der Zensur zu kämpfen hatten und die kulturelle Freiheit nicht durch die Politik eingeschränkt wurde. Auf der anderen Seite unterhielten einige iberoamerikanische Diktaturen gute Beziehungen zum Regime Francos.

Die Regierung von Felipe González gab schon in der ersten Hälfte der 80er-Jahre zinsgünstige Kredite an iberoamerikanische Staaten. Sie waren zunächst, wie im Fall Argentiniens, an eine Demokratieklausel gebunden. Argentinien hatte gerade eine grausame Militärdiktatur überwunden, und die wiedergewonnene Demokratie wurde von regelmäßigen Putschversuchen bedroht. Bei einem Rückfall in ein nichtdemokratisches Regierungssystem würden – ebendas besagte die Demokratieklausel – die Kreditzusagen von Spanien zurückgenommen. In der von mehreren Hundert Politikern und Intellektuellen, unter ihnen der Nobelpreisträger García Márquez, Ende April 1983 unterzeichneten «Erklärung von Madrid» wurden demokratische Verhältnisse und mehr soziale Gerechtigkeit gefordert; Interventionen und Drohungen nicht-iberoamerikanischer Länder gegen Staaten Iberoamerikas wurden ebenso wie die US-amerikanische «Doktrin der nationalen Sicherheit» scharf zurückgewiesen. Konflikte in lateinamerikanischen Staaten dürften nicht internationalisiert werden, wie das die Regierung in Washington vor allem in Mittelamerika versucht habe. Die spanische *Transición* wurde von den Demokraten in den noch diktatorisch regierten Staaten Iberoamerikas – Argentinien, Brasilien, Bolivien, Chile – als vorbildlich betrachtet. «Was den uns so verwandten Spaniern gelungen ist, müssten wir eigentlich auch schaffen», war eine damals häufig zu hörende Meinung unter Gegnern der iberoamerikanischen Diktatoren.

Nach dem Beitritt Spaniens und Portugals zur Europäischen Gemeinschaft im Jahre 1986 machten sich beide Länder in der EG oft zu Sprechern und Interpreten iberoamerikanischer Probleme und Interessen. In Madrid wusste man, dass Europa Iberoamerika, dem europäischsten Teil der sogenannten Dritten Welt, viel zu bieten hatte. Diese Vermittlungsleistung haben die Präsidenten und Außenminister aus Iberoamerika stets anerkannt und den Spaniern gedankt.

Die Gründung der Iberoamerikanischen Völkergemeinschaft, der auch Spanien und Portugal angehören, im Jahre 1991 hat die regionale Integration nur wenig gefördert und nur selten wichtige politische Ergebnisse erzielt. Die Versuche mehrerer Staats- und Regierungschefs – wie des Argentiniers Carlos Menem, des Spaniers Felipe González und des Portugiesen Mario Soares –, Fidel Castro auf den jährlich stattfindenden Gipfelkonferenzen zu politischen Reformen in Kuba zu bewegen, hörte sich der kubanische Diktator schweigend an; er unterschrieb alle Resolutionen für einen demokratischen Kontinent, machte aber keine konkreten Zusagen. Hin und wieder kam es auch zu heftigen persönlichen Auseinandersetzungen, so zwischen Castro und dem konservativen spanischen Ministerpräsidenten Aznar oder zwischen dem venezolanischen Präsidenten Hugo Chávez und dem spanischen König Juan Carlos I.

Die meisten Vereinbarungen wurden im Bereich der kulturellen Zusammenarbeit erzielt, besonders im Bildungswesen. Auf diesem Gebiet hat Spanien, das die hispanoamerikanischen Länder schon seit Langem mit Lehrmaterial, vor allem mit Schulbüchern versorgt, viel getan. Auch die 2006 auf dem Gipfel in Montevideo beschlossene Trinkwasserversorgung für die ärmsten Zonen Iberoamerikas lässt sich Madrid einiges kosten. Die gemeinsame Sprache, eine verwandte Denkart und ähnliche kulturelle Verhaltensweisen sind eine gute Basis für eine enge Zusammenarbeit. Die Zugehörigkeit zu einer alten kulturellen Tradition ist für das Selbstbewusstsein der Bevölkerung in den Spanisch sprechenden Ländern Amerikas von großer Bedeutung. «Was uns eint, ist die gemeinsame Sprache, die gemeinsame Kultur», schrieb der mexikanische Schriftsteller Carlos Fuentes in einem Beitrag zur IV. Gipfelkonferenz der Iberoamerikanischen Völkergemeinschaft in Cartagena de Indias 1994.

DAS SPANISCHE WELTREICH

Dass Spanien mit so vielen Ländern jenseits des Atlantiks eine gemeinsame Sprache und Kultur besitzt, ist die Folge einer Expedition, welche vor mehr als 500 Jahren den Weg nach Indien erkunden wollte. Am 3. August 1492 machten sich drei spanische Schiffe auf den Weg nach Westen, unter der Führung von Cristóbal Colón, auf Deutsch: Christoph Kolumbus (1451–1506). Seine Herkunft ist immer noch ein Rätsel. Lange Zeit galt es als wahrscheinlich, dass er Italiener war und aus Genua stammte. Dem widerspricht, dass von ihm, obwohl er gerne und viel schrieb, keine einzige Zeile in italienischer Sprache existiert – er schrieb ausschließlich auf Spanisch. Andere Historiker glauben, dass er portugiesischer Herkunft war. Zuletzt hat die These, er sei Spanier gewesen, aus Katalonien oder von der Insel Ibiza, immer mehr Glaube gefunden. Der spanische Historiker Salvador de Madariaga meint, dass Kolumbus ein spanischer Jude war.[24] Kolumbus ersuchte die Höfe in Portugal, England und Frankreich um Unterstützung für sein Vorhaben einer Indienfahrt nach Westen. Schließlich fand er in Spanien Gehör bei Königin Isabella I. von Kastilien und ihrem Mann, König Ferdinand II. von Aragonien: Am 17. April 1492 unterzeichnete das Katholische Königspaar in

**Ein weitblickender Kolumbus im
Hafen von Barcelona**

Santa Fé in der Provinz Granada ein Dokument, das die Welt verändern sollte. Die beiden verpflichteten sich, die Reise des Kolumbus mit drei spanischen Karavellen und spanischen Seeleuten zu finanzieren. Isabella die Katholische blieb während ihres ganzen Lebens eine Gönnerin des Seefahrers Christoph Kolumbus.

Nach langer entbehrungsreicher und angsteinflößender Fahrt durch eine Wüste von Wasser sichteten die Spanier am 12. Oktober 1492 Land und hatten damit den Kontinent Amerika entdeckt, der zunächst – man wusste es noch nicht besser – «Westindien» genannt wurde. Die spanischen Seefahrer landeten zuerst auf den Bahamas im Golf von Mexiko, danach auf Kuba und der Insel, die sie «La Española» (Hispaniola) nannten; heute befinden sich auf ihr zwei Staaten, die Dominikanische Republik und Haiti.

Das Katholische Königspaar hatte schon durch die Rückeroberung Granadas und den damit endgültigen Sieg über die Mauren großes Prestige in Europa gewonnen. Um sich vor eventuellen Angriffen der Mauren zu schützen, gründeten Isabella und Ferdinand im letzten Jahrzehnt des 15. Jahrhunderts einige Städte und Festungen an der nordafrikanischen Mittelmeerküste – darunter das heute noch zu Spanien gehörende Melilla – und schlossen die 115 Kilometer vor der afrikanischen Westküste und 1050 Kilometer vor Spaniens Südküste gelegenen Kanarischen Inseln in ihr Reich ein.

Die Entdeckung Amerikas vermehrte das Ansehen Spaniens als europäischer Großmacht zusätzlich. Seit der Vereinigung zweier Königreiche durch die Heirat von Isabella und Ferdinand wurde Spanien als nationale Einheit wahrgenommen, obwohl Kastilien und Aragonien weiterhin als voneinander unabhängige Staaten verwaltet wurden. Dank der geschickten Heiratspolitik der Habsburger wurde der Urenkel des Katholischen Königspaares, Philipp II. (1527–1598), 1580 auch noch König von Portugal. In der Zeit von 1580 bis 1640, in der Spanien und Portugal unter den Habsburgischen Königen vereint waren, herrschten diese Könige über die gesamte Neue Welt. Auch Portugal hatte bedeutende Seefahrer und Entdecker hervorgebracht, wie Vasco da Gama, Bartolomé Díaz, Pedro Álvares Cabral und Fernão de Magalhães, auf Spanisch Fernando de Magallanes, der im Dienste Karls V. den Pazifik überquerte, bevor er auf den Philippinen starb; seine Weltumseglung wurde unter Leitung von Juan Sebastián Elcano beendet.

Doch die Habsburger hatten in ihrem großen Reich viele Probleme. 1520 wurde der im flämischen Gent geborene Karl I. von Spanien (1500–1558), Sohn des Habsburgers Philipp des Schönen und der Königin von Kastilien, Johanna der Wahnsinnigen, in Aachen als Karl V. zum Kaiser des Deutschen Reiches gekrönt. Als katholischer Kaiser musste er Europa vor den Muslimen schützen und hatte in Franz I. von Frankreich, der sich ebenfalls um die deutsche Kaiserkrone beworben hatte, einen ständigen Feind, mit dem sich auch der

Papst zeitweise verbündete. Außerdem musste sich Karl V. und mehr noch sein Sohn Philipp II. der Aufständischen in den Niederlanden erwehren und um die neuen Kolonien auf dem gerade entdeckten Kontinent kümmern.

Nach ihrer Trennung im Jahr 1640 haben Spanien und Portugal jahrhundertelang mit dem Rücken zueinander gelebt. Die Grenzzonen beider Länder sind bis heute wirtschaftlich schwache und dünn besiedelte Regionen. Erst seit der Demokratisierung beider Länder in den 1970er-Jahren arbeiten sie wieder eng zusammen. Spanien investiert mehr als jedes andere Land in Portugal.

DER STATUS DER INDIOS

Im Jahre 1992 gedachten die Spanier und die Iberoamerikaner der Entdeckung Amerikas 500 Jahre zuvor. Auf mexikanischen Vorschlag wurde in diesem Rahmen das Wort «Entdeckung» – «descubrimiento» – durch «Encuentro de dos mundos» («Begegnung zweier Welten») ersetzt. Damit wurde jedoch der Anlass des Jubiläums, die Entdeckung Amerikas durch die Europäer und die Erfahrungen der «Entdeckten» mit den europäischen Ankömmlingen, welche schnell zu Siegern und Herrschern wurden, immer noch recht ungenau bezeichnet. «Encuentro» bedeutet allerdings auch ein ungewolltes Zusammentreffen, Aufeinandertreffen und kann sogar einen Zusammenstoß meinen. Tatsächlich ging es nicht eben friedlich zu, als die Europäer auf die Einheimischen trafen. Ihre Ankunft brachte den Indios Zerstörung, Knechtschaft, Krankheit und Tod.

Die immer wieder und noch im Jubiläumsjahr 1992 verbreitete «Schwarze Legende» ist jedoch historisch auch nicht korrekt. Sie zeichnete ein übertriebenes Bild angeblicher Exzesse während der *Conquista*. Diese *leyenda negra* wurde zum Zwecke politischer Propaganda während des Kampfes um die Vormachtstellung in Europa zunächst von Großbritannien und dann auch von Frankreich bemüht. Selbst die juristischen und theologischen Diskussionen, die in Spanien in bewundernswert offener Form über die Behandlung der

Indios geführt wurden, benutzte man als moralisches Argument gegen Spanien. Auch nichtspanische Historiker lehnen die *leyenda negra* heute wegen ihrer Einseitigkeit und ihrer vielen Irrtümer ab.

Es ist unmöglich, die Zahl der Menschen, die zum Zeitpunkt der Entdeckung auf dem amerikanischen Kontinent lebten, zu schätzen oder gar zu berechnen. 50 bis 60 Millionen könnten es gewesen sein. In manchen Teilen Amerikas ging die einheimische Bevölkerung in den ersten Jahrzehnten nach der Entdeckung um mehr als die Hälfte zurück. Auf den karibischen Inseln überlebten so gut wie keine der Indianer, die dort besonders krankheitsanfällig waren. Doch von Genozid oder Völkermord, also der geplanten Ausrottung eines Volkes, zu reden, ist nicht richtig. Bei den Spaniern war die Tötung von Menschen und ausdrücklich auch die Tötung von Indios ein bestrafungswürdiges Verbrechen.

Ein beachtlicher Teil der intellektuellen und juristischen Bemühungen der spanischen Krone galt damals nicht der Frage, wie man die Einheimischen am wirkungsvollsten ausbeuten oder beseitigen könne, sondern den Möglichkeiten, diese gegenüber den eigenen spanischen Landsleuten zu verteidigen. Schon das Katholische Königspaar ließ den Indios, die von Kolumbus als Sklaven nach Spanien gebracht wurden, die Freiheit wiedergeben und sie in Begleitung von Franziskanern in ihre Heimat zurückbringen. Die Gesetzgebung ihrer Nachkommen, Karls V. und Philipps II., gründete auf der mittelalterlichen christlichen Lehre, nach der «von Armut und Elend anderer zu profitieren» eine Sünde war. Für die moderne kapitalistische Kolonialisierung sicher eine höchst bemerkenswerte Denkweise.

Nach langen theologischen und juristischen Diskussionen bestätigte die spanische Krone in einem Dekret, dass die Indios Menschen mit Seele seien und als solche behandelt werden müssten. Das war ganz im Sinne des Priesters Bartolomé de las Casas (1484–1566), der in mehreren Büchern die schlechte Behandlung der Indios durch spanische Kolonisatoren scharf kritisiert hatte. Karl V. wollte sogar den Inkas Peru zurückgeben, doch der Aristoteliker und Las Casas-Gegner Juan Ginés de Sepúlveda (1489–1573) brachte ihn davon ab mit dem Argument, er würde sein eigenes Seelenheil in Gefahr bringen, wenn er ein schon evangelisiertes Land an Ungläubige oder nur scheinbar Bekehrte zurückgäbe.

Mit den *Leyes nuevas de Indias* von 1542 – den neuen Gesetzen für Westindien – wurden die Indios den Europäern rechtlich gleichgestellt. Den Spaniern wurde ausdrücklich verboten, Indios zu töten. Allerdings hatten einige der *Conquistadores* wie etwa Francisco Pizarro bei ihrer Machtübernahme in den Anden wenig Skrupel. Mord aus Habgier, grausame Kriegsführung und vor allem todbringende Zwangsarbeit waren keine Seltenheit. Die Gesetze der Krone waren vor Ort, weit weg von Madrid, schwer durchzusetzen. Hin und wieder entsandte die spanische Krone Leute in die Kolonien, um spanische Gesetzesbrecher zu bestrafen. Tatsächlich gab es Verurteilungen, auch Hinrichtungen, doch blieben das Ausnahmen.

Die weitaus größte Zahl an Opfern unter der indianischen Bevölkerung forderten die auf den neu entdeckten Kontinent eingeschleppten, dort bis dahin unbekannten Krankheiten. Die Körper der Indios hatten keine Abwehrstoffe dagegen entwickelt. Gerade englische Forscher haben die These von den Epidemien als wichtigster Ursache der Entvölkerung während der spanischen *Conquista* überzeugend belegt, während doch zuvor britische Geschichtsschreiber jahrhundertelang Gräuelgeschichten über die Verbrechen der spanischen Rivalen um die Macht auf dem Meer und auf dem neuen Kontinent verbreitet hatten.

Die Entvölkerung des Kontinents konnte jedoch gar nicht im Interesse der Spanier sein. Diese brauchten nämlich dringend Arbeitskräfte für die Zuckerrohr- und Baumwollplantagen sowie für die Bergwerke, und der Klerus brauchte sie nach ihrer Bekehrung für die Unterhaltung seiner Missionsstationen. In manchen Regionen übernahmen und verschärften die Spanier für die Arbeit in den Minen das Inka-System der *Mita*, der Arbeit für den Staat. Dabei starben viele Indios an den Folgen unmenschlicher Arbeitsbedingungen, an Unterernährung und mangelnder gesundheitlicher Fürsorge. Durch die Fronarbeit der Indios kam Kaiser Karl V. an Gold und Silber, um seine kostspielige Verteidigung des Reiches zu finanzieren und seine Schulden an die großen kapitalistischen Finanzgesellschaften, etwa das Haus Fugger, zurückzuzahlen. Die Fundamente des frühen europäischen Kapitalismus wurden auf dem Rücken der Indios in den Silbergruben und Goldminen des neuen Kontinents errichtet.

DIE MESTIZEN

In ihren Kolonien vermischten sich die Spanier mit der indianischen Bevölkerung; so entstand eine neue, mestizische Rasse. In den von den Engländern kolonialisierten heutigen Vereinigten Staaten gibt es dagegen nur noch sehr wenige, in Reservaten lebende Indianer und so gut wie keine Mestizen. Allerdings war die dortige einheimische Bevölkerung schon bei der Ankunft der Europäer wesentlich kleiner als die in Süd- und Mittelamerika, wo die Inkas und die Mayas populationsreiche Hochkulturen hervorgebracht hatten. Bei dem Versuch, die Bevölkerung zur Zeit der *Conquista* mit den heute lebenden Indios zu vergleichen – nach einigen Schätzungen sind es 40 Millionen, also weniger als im Jahr 1492 –, werden gewöhnlich die Mestizen vergessen. Das bedeutet insofern eine Verzerrung, als einer der wichtigsten Gründe für den Rückgang der indianischen Bevölkerung die Entstehung des Mestizentums aus der Mischung von Weißen mit Indios war. In manchen Ländern Lateinamerikas bilden die Mestizen heute die größte Bevölkerungsgruppe. Im Grunde verbirgt sich ein umgekehrter Rassismus hinter dem Lamentieren mancher Europäer (insbesondere deutscher Ethnologen) darüber, dass der prozentuale Anteil der Indios an der Bevölkerung zahlreicher Länder Lateinamerikas zugunsten der Mestizen so stark zurückgegangen ist. Werden die Mestizen als eine mindere Rasse, als Ergebnis einer rassischen Verirrung angesehen und einfach nicht beachtet? Die Spanier nahmen sich zwar Indiofrauen und -mädchen nicht selten mit Gewalt, oder sie bekamen sie von Stammesfürsten geschenkt; doch schon bald gab es lang andauernde eheähnliche Verbindungen und legalisierte formelle Ehen. Solche Ehen entstanden wie überall und in allen Zeiten aus materiellen Gründen, häufig aber auch aus Gefallen und Zuneigung. Die Spanier behandelten die Indianer nicht als Objekte, wie das die englischen Puritaner taten. Das zeigte sich eben auch darin, dass sie sich mit ihnen verheirateten und sie zu der Religion bekehrten, die ihrem festen Glauben nach den Menschen ewiges Seelenheil garantierte.

Wie bereits erwähnt, wirkten sich die iberoamerikanischen Unabhängigkeitskriege im 19. Jahrhundert kaum negativ auf das Verhältnis Spaniens zu den ehemaligen Kolonien aus, einmal abgesehen davon, dass der intellektuelle Einfluss Frankreichs zunahm und der Spaniens zurückging. Mehrere Anführer der Unabhängigkeitskriege, wie etwa der General José de San Martín, waren Spanier. Heute haben die meisten politischen Führer in iberoamerikanischen Staaten spanische Eltern oder Großeltern. Die Beziehungen zwischen Spanien und den iberoamerikanischen Ländern waren noch nie so gut wie heute, ohne dass es dazu larmoyanter Betroffenheitskundgebungen oder moralisierender Selbstanklagen bedürfte. Eine koloniale Hassbeziehung hat es zu keiner Zeit gegeben.

Radikale indigenistische Gruppen wie Más, die Partei des 2005 durch Wahlen an die Macht gekommenen bolivianischen Präsidenten Evo Morales, drohen hin und wieder mit der Ausweisung aller Nicht-Indios aus ihrem Land und greifen Spanien wegen der Kolonialisierung an, was aber nicht ausschließt, dass zum Beispiel gerade Bolivien intensiven Handel mit Spanien treibt und besonders viel Entwicklungshilfe aus dem ehemaligen Mutterland empfängt. Evo Morales ist übrigens kein Indio, sondern ein Mestize; er wuchs in einem Indiodorf auf dem bolivianischen Hochland, dem Altiplano, auf, spricht aber keine der dort gebrauchten Indiosprachen wie Quechua und Aymara.

10

WELTSPRACHE SPANISCH

VERBREITUNG UND PFLEGE

Ein Erbe des spanischen Weltreichs ist die Tatsache, dass das Spanische – genauer: das Kastilische, die Sprache der spanischen Krone – zu einer der großen Weltsprachen geworden ist. Nach der Zahl seiner Sprecher steht Spanisch an vierter Stelle hinter Chinesisch, Englisch und Hindi. In den von Spanien kolonialisierten Ländern ist Spanisch die Volkssprache, in der sich praktisch alle Einwohner verständigen können. Dagegen ist – sieht man einmal von den USA ab – in den meisten der ehemals englischen oder französischen Kolonien die Sprache der Kolonialherren bestenfalls als Sprache der Verwaltung erhalten geblieben. Das Festhalten am Spanischen in allen Schichten der Bevölkerung ist sicher auch eine Folge der Vermischung von Spaniern mit indianischen Einheimischen; Gleiches gilt übrigens für die Portugiesen in Brasilien.

Einige Indianersprachen, etwa Quechua und Aymara in Bolivien und Peru, werden auch heute noch gebraucht, allerdings fast nur innerhalb der ländlichen Bevölkerung. Fast alle Indios können sich auf Spanisch verständigen, sodass die Zahl der Spanischsprechenden in Hispanoamerika praktisch identisch ist mit der Einwohnerzahl. Einige Regierungen in Südamerika, auch die Regierung in Guatemala setzen sich für die Erhaltung der Indiosprachen ein und fördern die bescheidene in diesen Sprachen geschriebene Literatur. Normalerweise wechseln die Autoren, wenn sie bekannt geworden sind, schnell von den Indiosprachen zum Spanischen über und versuchen, ihre Manuskripte bei spanischen Verlagen unterzubringen. Die meisten in Hispanoamerika verkauften Bücher, besonders die Schulbücher, kommen aus spanischen Verlagen. Spaniens Geschichte und Literatur wird an vielen Schulen Hispanoamerikas eingehender unterrichtet als in Spanien selbst. Der spanische Staat lässt sich diese kulturelle Verbundenheit einiges kosten.

Von allen auf dem amerikanischen Kontinent gesprochenen, offiziellen europäischen Sprachen – Spanisch, Englisch, Portugiesisch und Französisch – hat das Spanische die größte Einheit bewahrt. Die Sprachakademien der amerikanischen Länder treffen sich regelmäßig mit der Königlichen Spanischen Sprachakademie, um über Änderungen im Sprachgebrauch zu diskutieren. Über Neuerungen und neue Wörter, die in die Wörterbücher aufgenommen werden, wird gewöhnlich bei den Tagungen der Akademien durch Abstimmung entschieden. Natürlich haben sich auch Unterschiede im Vokabular entwickelt: Zum einen müssen in Hispanoamerika Dinge, die in Europa nicht existieren, mit Vokabeln benannt werden. Zum andern haben sich in den amerikanischen Ländern Wörter oder Sprachformeln erhalten, die im europäischen Spanisch nicht mehr gebraucht werden. Wenn man sich mit Indios in den Anden unterhält, ist man überrascht von deren gewählter, altertümlicher Ausdrucksweise – man meint zuweilen, man spräche mit Figuren aus dem «Don Quijote» von Miguel de Cervantes. An süd- und mittelamerikanischen Hochschulen ist für den Sprachgebrauch immer noch das «Diccionario de la lengua española», das von der Königlichen Spanischen Akademie erstellte Wörterbuch der spanischen Sprache, maßgebend. Ein gern gehörtes Kompliment an Redner auf der anderen Seite des Atlantiks ist es, wenn man ihnen sagt, sie hätten wie ein Mitglied der Königlichen Akademie gesprochen.

Spanisch ist in den Vereinten Nationen nach dem Englischen die am meisten gebrauchte Sprache. Die Klarheit seiner Aussprache – es gibt keine Unterscheidung zwischen langen und kurzen Vokalen, keine Nasalvokale und Umlaute – macht es als internationale Sprache sehr geeignet und vielleicht leichter zu erlernen und zu sprechen als das Englische. Spanisch wird von den Einwohnern 19 spanischsprachiger Staaten in Süd-, Mittel- und Nordamerika (Mexiko) sowie der Karibik gesprochen und ist dazu auch noch Amtssprache auf der Insel Puerto Rico, die sich den Vereinigten Staaten angeschlossen hat. In den USA nimmt die Zahl der Bürger mit spanischer Muttersprache ständig zu und nähert sich schon den 50 Millionen. In Afrika wird Spanisch in der kleinen früheren Kolonie Äquatorial-Guinea gesprochen. Auf den Philippinen, deren Name sich vom spanischen König Philipp II. herleitet, war Spanisch Amtssprache bis 1898, als die asiatische Kolonie nach dem verlorenen Krieg an die Vereinigten Staaten fiel. Heute ist neben dem einheimischen Tagalog dort Englisch die meistgesprochene Sprache, wenn auch das Spanische noch in einigen Kreisen, so in kulturellen Vereinigungen, gepflegt wird. Die Filipinos haben in ihrer Mehrzahl spanische Vor- und Familiennamen.

Etwa 400 Millionen Menschen in der Welt haben heute Spanisch als Muttersprache; diese Zahl steigt wegen der hohen Geburtenraten in Ländern wie Mexiko, Peru, Argentinien und Kolumbien schnell an. Das größte spanischsprachige Land ist mit knapp 100 Millionen Einwohnern Mexiko – noch vor Spanien selbst.

SPANISCH IN DER EUROPÄISCHEN UNION

Das Selbstbewusstsein, Muttersprachler einer Weltsprache zu sein, hat bei vielen Spaniern, ähnlich wie bei den Einwohnern englischsprachiger Länder, dazu beigetragen, dass sie ungern andere Sprachen lernen. Es ist bezeichnend, dass von den vier noch lebenden Ministerpräsidenten der Demokratie – Suárez, González, Aznar und Rodríguez Zapatero – nur González sich fließend in einer Fremdsprache, nämlich auf Französisch, ausdrücken kann. Sprachkenntnisse haben sicher auch dem früheren Außenminister Javier Solana geholfen, wichtige internationale Ämter, wie das des Generalsekretärs der NATO und das des Hohen Repräsentanten der Europäischen Union für Außen- und Sicherheitspolitik, zu erlangen. Die meisten sprachkundigen spanischen Politiker finden sich naturgemäß unter den Abgeordneten im Europäischen Parlament, sind aber selbst dort nicht die Regel. Die sprachliche Unsicherheit der Spanier hat dazu geführt, dass in den großen Fraktionen des Europaparlamentes, wo wichtige Ämter mit Spaniern besetzt waren und sind, Spanisch neben Englisch, Französisch und Deutsch als vierte Arbeitssprache anerkannt werden musste. Die politische und wirtschaftliche Elite Spaniens will nicht akzeptieren, dass ihre Weltsprache in der Europäischen Union keine führende Rolle spielt. Selbst ein so rational denkender und toleranter Mann wie Felipe González wies während der Diskussionen darüber, ob Spanisch bei den europäischen Behörden die gleichen Rechte wie Deutsch haben sollte, darauf hin, dass Spanisch ja schließlich offizielle Sprache der Vereinten Nationen sei. Er musste sich entgegnen lassen, dass das Deutsche, weil in anderen Kontinenten kaum gesprochen, nicht beanspruche, UNO-Sprache zu sein, in Europa allerdings über doppelt so viele Muttersprachler wie Spanisch verfüge.[25]

DIE BEDEUTUNG DER REGIONALSPRACHEN

Spanien ist ein mehrsprachiges Land. Das hat die 1978 beschlossene Verfassung der neuen Demokratie anerkannt. Einige Regionen – Katalonien, Valencia, die Balearen, Galicien und das Baskenland – sind offiziell zweisprachig, und bei den Behörden wie auch vor den Gerichten dieser Regionen haben die Bürger seit 1983 das Recht, ihre Regionalsprache zu benutzen und mündlich wie schriftlich Antwort in dieser Sprache zu bekommen. Während der Franco-Diktatur waren die Regionalsprachen aus dem öffentlichen Leben verbannt gewesen.

Heute gibt es in Spanien außer einer Reihe von Dialekten vier offizielle, als Amtssprachen anerkannte Sprachen: Spanisch (*español* oder *castellano*), Katalanisch (*català*), Galicisch (*galego*) und Baskisch (*euskera*). Streng genommen müsste man noch das Aranesische (*ara-*

nés) aufführen, eine Variante des Okzitanischen, die im Valle de Arán als Amtssprache zugelassen ist, aber von höchstens einigen hundert Menschen gebraucht wird. Das Baskische, mit keiner europäischen Sprache verwandt, wird im Baskenland, in der Provinz Navarra und in Südfrankreich von insgesamt einer knappen Million Menschen gesprochen. Philologen meinen oft, Galicisch sei im Grunde die gleiche Sprache wie Portugiesisch und habe sich davon nur im Vokabular und in der Aussprache durch den starken Einfluss des Spanischen in den letzten Jahrhunderten etwas entfernt. «Galaico-portugués» nennen sie daher diese Sprache, doch die rund 3 Millionen Galicier hören nicht gern, dass ihr *galego* nur eine «halbe» Sprache sein soll. Auf Galicisch oder Galaico-Portugiesisch schrieb König Alfons X., der Weise (1221–1284), im 13. Jahrhundert seine lyrischen Werke, während er seine juristischen und historischen Bücher auf Spanisch schrieb. Das schmiegsamere und an Klängen reichere Galicisch schien ihm für die Lyrik geeigneter, das präzisere Spanisch besser für die Darstellung wissenschaftlicher Themen. Der aus Portugal stammende Dramatiker Gil Vicente (1465–1537) schrieb die meisten seiner 42 erhaltenen Theaterstücke auf Spanisch, nur sieben auf Portugiesisch. Für lyrische Einlagen in seinen dramatischen Werken benutzte er gern das Galaico-Portugiesische.

Das Katalanische, sprachgeschichtlich dem Französischen und dem Provenzalischen etwas näher als das Kastilische, wird von rund 6 Millionen Menschen in Katalonien, Valencia und auf den Balearen gesprochen. Der Wille einzelner Regionen, unbedingt eine eigene Sprache zu haben, führt manchmal zu seltsamen Auswüchsen. In der Region Valencia beispielsweise bestehen die rechten politischen Gruppen – dort inzwischen in der Mehrheit – darauf, das in Valencia gesprochene Katalanisch müsse Valencianisch (*valenciano*) genannt werden. Für eine Debatte über die Regionalsprachen im Europarat und bei der Kommission in Brüssel schickte die valencianische Regionalregierung eine ins Valencianische übersetzte Bibel, die haargenau mit der von der Regierung Kataloniens geschickten

Bibelübersetzung ins Katalanische übereinstimmte. Einem der ersten Landesminister für Kultur in der Region Valencia wurde mit einem Gerichtsverfahren gedroht, als er erzählte, er spreche mit Freunden aus Katalonien und von den Balearen immer Katalanisch, und man verstehe sich ausgezeichnet. Die Konservativen aus Valencia hatten sich in der Franco-Zeit nie um das Weiterleben ihrer Regionalsprache gekümmert. In der neuen Demokratie wollten sie aber auf keinen Fall Katalanisch, das Idiom der «roten» Nachbarn aus Katalonien, sprechen und attackierten ständig den angeblichen Kulturimperialismus aus Barcelona.

In Katalonien haben sich manche Gemeinderegierungen mit übertriebenen Anordnungen zugunsten ihrer Regionalsprache wenig Freunde in den eigenen Städten gemacht und dazu empörte Reaktionen im übrigen Spanien provoziert. So etwa mit Strafandrohungen für Geschäfte, die ihre Auslagen im Schaufenster spanisch beschrifteten. Solche Strafen verhängten vor allem Gemeinderegierungen, in denen die regional-nationalistischen Parteien eine Mehrheit haben und die dann oft vergessen, dass einige große Städte in Katalonien, wie die Hauptstadt Barcelona und die zweitgrößte Stadt L'Hospitalet, inzwischen von Menschen bewohnt werden, die in ihrer Mehrheit Spanisch zur Muttersprache haben.

II

STARKE SPANIERINNEN

Spanien war 2008 das einzige große europäische Land, in dessen Regierung mehr Frauen als Männer Minister waren. Die Regierung von José Luis Rodríguez Zapatero (ab April 2004) legte dem Parlament im Rahmen von Gesetzen für gesellschaftliche und soziale Reformen auch mehrere Entwürfe vor zur Gleichstellung der Frau, gegen die Diskriminierung am Arbeitsplatz und für eine etwa gleiche Zahl von Männern und Frauen auf Wahllisten. Die Entwürfe wurden von einer Parlamentsmehrheit angenommen. In seiner zweiten Regierungsperiode (ab April 2008) schuf Rodríguez Zapatero ein Ministerium für die Gleichstellung von Männern und Frauen. Das mag, wenn man sich an die rechtliche Benachteiligung der spanischen Frauen während der Franco-Diktatur erinnert, überraschen. In der ersten Hälfte der Diktatur mussten Ehefrauen zum Beispiel bei einer Reise in eine andere Stadt des Landes eine schriftliche Genehmigung ihres Ehemannes mitführen. Ein eigenes Bankkonto durften sie nicht eröffnen. Wählen durften sie natürlich ebenso wenig wie die Männer. Als das Regime dann wenige Jahre vor dem Tod des Diktators eine Minderheit von sogenannten Familienvertretern in das Ständeparlament wählen ließ, durften zunächst nur die Haushaltsvorstände, also Männer, zu den Urnen gehen, dann aber auch diejenigen Frauen, die offiziell «emanzipierte Frauen» genannt wurden, also Witwen mit Kindern, die nach dem Verlust ihres Ehemannes zu Haushaltsvorständen aufgerückt waren, und allein lebende Frauen, die einen Haushalt führten. Das Regime konnte auf diese Familienvertreter im Ständeparlament neben Gewerkschaftlern, Militärs, Gemeinderäten und Bischöfen nicht verzichten, denn nach seiner ursprünglichen falangistischen Ideologie war jeder Spanier, so hieß es in der Franco-Zeit, in einer Familie, in einer Gemeinde und einer Gewerkschaft geboren. Die Geburt in einer Gewerkschaft – gemeint war die vom Regime kontrollierte Zwangsgewerkschaft, der Arbeitgeber und Arbeitnehmer angehören mussten – war allerdings umstritten und wurde von den Regime-Ideologen auch nie wirklich erklärt.

POLITIKERINNEN DER ZWEITEN REPUBLIK

Frauenrechtlerinnen hat es unter den spanischen Frauen, vor allem unter den Schriftstellerinnen, schon vor der Zweiten Republik gegeben. So hatte die galicische Erzählerin Emilia Pardo Bazán sich in mehreren Essays und kürzeren Aufsätzen für feministische Forderungen eingesetzt. Die Literatur war ein Feld, auf dem Frauen in Spanien ihr Lebensgefühl und ihre Ideale verbreiten konnten, schon lange Zeit bevor sie in der Politik aktiv werden durften. Als Schauspielerinnen, Tänzerinnen und Sängerinnen konnten viele Spanierinnen ein vergleichsweise freies und unabhängiges Leben führen, mussten aber dafür in Kauf nehmen, als leichtfertig und von Männern aus dem wohlhabenden Bürgertum als sexuelles Freiwild betrachtet zu werden.

Während der Zweiten Republik spielten Frauen bereits eine wichtige Rolle in der Politik des Landes. Die Verfassung der Republik hatte 1931 das aktive Wahlrecht für Frauen verankert, das passive hatten sie schon seit 1927. Es gab daher zu Beginn der Republik bereits weibliche Abgeordnete, und die Parteien der Linken und der Mitte hatten bedeutende und erfolgreiche Frauen in ihren Reihen: Margarita Nelken und María Lejárraga in der Spanischen Sozialistischen Arbeiterpartei (PSOE), Clara Campoamor und Victoria Kent bei den Liberalen und Linksliberalen. Die Anarchosyndikalistin Federica Montseny – schon Jahrzehnte bevor sie 1994 im Alter von 89 Jahren starb, als die «alte Federica» bekannt – war während des Bürgerkriegs, in der Regierung des Sozialisten Largo Caballero, sogar Gesundheits- und Sozialministerin. Montseny war die erste Frau überhaupt, die in Spanien mit der Leitung eines Ministeriums beauftragt wurde. Die Pädagogin María Lejárraga schrieb neben ihrer politischen Arbeit, bei der sie mehrere fortschrittliche Erziehungsgesetze im Parlament einbrachte, noch zahlreiche Theaterstücke, die ihr Ehemann Gregorio Martínez Sierra mit ihrem Einverständnis unter seinem Namen veröffentlichen und aufführen ließ.[26]

Die weiblichen Abgeordneten kämpften in den letzten Jahren der Monarchie und im ersten Jahr der Zweiten Republik mit viel Energie für das Stimmrecht der Frau. Umso überraschender war, dass eine der kämpferischsten von ihnen, Victoria Kent, bei den Debatten um die Verfassung vom Dezember 1931 das Parlament ersuchte, die Gewährung des Stimmrechts für Frauen noch aufzuschieben. Da die meisten spanischen Frauen eben keine Arbeiterinnen oder Akademikerinnen seien, sich nicht frei und unbedrängt entscheiden könnten, sondern von Priestern und Familienmitgliedern unter Druck gesetzt würden, konservativ zu wählen, sei die Zeit noch nicht reif, das Ideal des Frauenstimmrechts, für das sie, Victoria Kent, immer gekämpft hatte, Realität werden zu lassen. Kents Antrag wurde nicht angenommen. Bei den nächsten Parlamentswahlen im Jahre 1933 siegte die Rechte in Spanien nicht zuletzt dank der von Frauen abgegebenen Stimmen. Victoria Kents Gegnerin im Parlament war Clara Campoamor, eine Frau, die zunächst als Näherin, dann als Angestellte auf dem Telegrafenamt arbeitete und schließlich nach einem Jurastudium eine brillante Rechtsanwältin wurde.

Die bekannteste linke Politikerin war Dolores Ibarruri (1895 bis 1989), genannt «Pasionaria» (Passionsblume). In einer baskischen Bergarbeiterfamilie geboren, bewegte sie schon früh als begnadete politische Rednerin die Massen. Sie verstand die Sorgen der armen Bevölkerungsschichten und drückte diese in brillanter und gleichzeitig gut verständlicher Form aus. Jahrzehntelang war sie Generalsekretärin und Präsidentin der Kommunistischen Partei Spaniens

(PCE). Obwohl sie die längste Zeit ihres Exils nach 1939 in der Sowjetunion verbrachte, unterstützte sie auch von Moskau aus die Hinwendung der Parteiführung zu den eurokommunistischen Thesen, die Demokratisierung der Partei und den friedlichen Übergang von der Diktatur zur parlamentarischen Demokratie. Bei der Konstituierung des ersten nach der Diktatur, im Juni 1977, gewählten demokratischen Parlamentes fungierte Dolores Ibarruri, die populärste Parlamentsrednerin vor dem Ausbruch des Bürgerkriegs, als Alterspräsidentin – geradezu ein Symbol für den Rückgriff auf die parlamentarische Demokratie nach drei Jahren Bürgerkrieg und vier Jahrzehnten rechter Diktatur.

HELDINNEN AUS DEM VOLK

Einige spanische Frauen, die meisten aus der Arbeiterschicht, werden in volkstümlichen Legenden als nationale Heldinnen verehrt, weil sie gegenüber ausländischen Invasoren große Tapferkeit bewiesen: so Agustina de Aragón 1808 bei der Belagerung der aragonischen Hauptstadt Saragossa durch die Franzosen oder Manuela Malasaña, nach der ein Madrider Stadtviertel benannt ist, im selben Jahr, ebenfalls im Unabhängigkeitskrieg gegen Napoleon. Die Galicierin María Pita zeichnete sich schon im 16. Jahrhundert aus, als sie zusammen mit anderen Frauen einen Angriff britischer Soldaten auf La Coruña zurückschlug. Diese «Heldinnen aus dem spanischen Volk» wurden 2008 zum 200-jährigen Jubiläum des Unabhängigkeitskrieges gegen Frankreich in der Propaganda spanisch-nationalistischer Kreise – wie der derzeitigen Regionalregierung von Madrid – zu Symbolfiguren des spanischen Patriotismus gegenüber den autonomistischen und separatistischen Tendenzen an der Peripherie erhoben.

Zu einer Ikone der spanischen Liberalen und später der Linken wurde die 1831 im Alter von 27 Jahren hingerichtete Andalusierin Mariana Pineda. Sie wurde von den Gerichten des absolutistischen Herrschers König Ferdinand VII. zum Tode verurteilt wegen «ihrer klaren Zustimmung zum konstitutionellen System». Ferdinand VII. hatte die von ihm zunächst akzeptierte liberale Verfassung von Cádiz bald nach seinem Regierungsantritt annulliert. Konkret wurde Mariana Pineda vorgeworfen, eine Fahne für die Konstitutionalisten mit den Worten «Gesetz, Freiheit und Gleichheit» bestickt zu haben. Mariana Pinedas Schicksal, ihre Weigerung, Verschwörer zu verraten, und ihre Hinrichtung wurden durch García Lorcas Theaterstück von 1925, »Mariana Pineda, eine volkstümliche Romanze in drei Bildern», in aller Welt bekannt.

Selbst in den Jahrzehnten größter Unterdrückung während der Franco-Zeit, als die spanischen Frauen sich in der Öffentlichkeit zurückhalten mussten und die Männer nach außen über sie bestimmten, hatten sie zu Hause meistens das Sagen. In den ärmeren Schichten und im unteren Mittelstand verwalteten die Frauen das Geld des Familienhaushalts. Besonders in Nordspanien haben die Mütter bis heute das letzte Wort über die Ausbildung der Kinder. Im Baskenland sind Frauen in der Familienstruktur so stark, dass manche schon von einem Matriarchat reden.

DIE KATHOLISCHE KÖNIGIN ISABELLA I.

Die politisch bedeutendste und in der Geschichte mächtigste unter den spanischen Frauen war Isabella I., Königin von Kastilien. Zusammen mit ihrem Mann König Ferdinand II. von Aragonien beherrschte sie damals den weitaus größten Teil Spaniens. Es wurde in Aragonien und Kastilien sehr darauf geachtet, dass beide, Fernando wie Isabel, die gleichen Rechte und Entscheidungsbefugnisse hatten. Mit dem Satz, der für beide eine gleiche Machtstellung anzeigte – «tanto monta, monta tanto Isabel como Fernando» – verteidigte vor allem der kastilische Landadel die Gleichberechtigung seiner Königin Isabella gegenüber Ferdinand. Die königlichen Ehegatten führten gemeinsam den Krieg gegen die Mauren in Spanien und eroberten 1492 den letzten Rest der maurischen Besitzungen in Spanien, das Königreich Granada. Während Ferdinand an der Front kämpfte, organisierte Isabella den Feldzug und sorgte für die finanzielle Unterstützung des Krieges. Mit dem endgültigen Sieg über die Muslime verdienten sich Fernando und Isabel die Beinamen «die Katholischen» und «das Katholische Königspaar». Ihre für die Weltgeschichte wichtigste Entscheidung traf Isabella I., als sie Christoph Kolumbus unterstützte und so die Entdeckung der Neuen Welt ermöglichte.

12
NATIONALES SELBSTBEWUSSTSEIN

SPANIEN ALS PROBLEM

Die Spanier haben kein ungebrochenes spontanes Nationalbewusstsein wie etwa die Franzosen, Briten und US-Amerikaner. Niemand in Spanien glaubt, in «God's own country» oder in einer «Grande Nation» zu leben. Zu schwer lasten Diktatur, Bürgerkrieg, der lange Entwicklungsrückstand, der Zerfall der einstigen Größe auf dem kollektiven Gedächtnis. Die spanischen Intellektuellen haben ein Problem mit ihrem Land, wie es schon der Titel des viel diskutierten Essaybands von Pedro Laín Entralgo «España como problema» («Spanien als Problem») von 1949 ausdrückt. Das eher unsichere spanische Nationalbewusstsein, dem der Deutschen in manchem verwandt, ist gewiss einer der Gründe für die heftige Reaktion vieler Spanier auf regionalnationalistische Äußerungen und Forderungen, vor allem aus Katalonien und dem Baskenland. Diese Regionen bezeichnen sich selbst gerne als Nationen; spanische Nationalisten hingegen verweisen darauf, dass es der Verfassung zufolge nur eine Nation in Spanien gebe, und die heiße Spanien. Sie vergessen dabei, dass «nación» auf Spanisch nicht unbedingt ein Synonym für den Staat ist, sondern auch eine historische, sprachliche und kulturelle Gemeinschaft bedeuten kann. In den Jahren 2005 und 2006, als über das neue Statut von Katalonien debattiert wurde, reagierten spanische Nationalisten wie der frühere konservative Ministerpräsident Aznar unwirsch, wenn man sie darauf hinwies, dass das Bundesland Bayern sich selbst sogar als «Freistaat» definiert. Aznar antwortete auf einen solchen Hinweis im Gespräch mit Auslandskorrespondenten mit dem knappen und unfreundlichen Satz: «Bayern ist nicht Katalonien und Deutschland nicht Spanien.»[27] In der Tat.

Der regionale Nationalismus im Baskenland und in Katalonien hat eine lange Geschichte, allerdings waren beide Regionen nie unabhängige Staaten. Seit mehreren Jahrhunderten kämpfen Basken und Katalanen für mehr Autonomie oder gar Unabhängigkeit, die Katalanen besonders gegen den von den Bourbonen-Königen verordneten zentralistischen spanischen Nationalismus. In der Zweiten Republik erhielten Katalonien, das Baskenland und Galicien Autonomiestatute. Diese Regionen werden, weil sie zum Teil eine eigene Geschichte und Sprache haben, als «historische Regionen» bezeichnet. In der Verfassung von 1978 und den danach erlassenen neuen Autonomiestatuten – alle 17 Regionen Spaniens sind nun *comunidades autónomas* – erhielten Katalonien, das Baskenland und Galicien zahlreiche Kompetenzen, vor allem im kulturellen Bereich. Basken und Katalanen haben sogar eine eigene, den Regionalregierungen unterstellte Polizei. Dem Baskenland und der Region Navarra wurde das Recht auf Steuerhoheit zurückgegeben.

SEPARATISMUS: DER TERROR DER ETA

In der autonomen Region Katalonien hält sich den Umfragen zufolge die Hälfte der Menschen mehr für Katalanen als für Spanier. Im Baskenland ist die Zahl der Einwohner, denen ihre baskische Identität wichtiger ist als die spanische, noch größer. Dort gründete sich 1959 als radikale Abspaltung von der christlich-demokratischen Baskisch-Nationalistischen Partei die Kampforganisation Eta – kurz für baskisch «Euskadi Ta Askatasuna» («Baskenland und Freiheit»). Die Organisation, der sich zunehmend viele junge Leute vom Land, auch Arbeiter und Intellektuelle anschlossen, wollte eine baldige staatliche Unabhängigkeit des Baskenlandes und unternahm zunächst Anschläge auf Lokale der Nationalen Bewegung, auf Fernsehtürme, spanische Fahnen und andere Symbole des Frankismus. Von der Gewalt gegen Sachen ging sie nach und nach zur Gewalt gegen Personen über. Den ersten Polizisten töteten Eta-Mitglieder im Juni 1968 während einer Schießerei bei einer Verkehrskontrolle. Zwei Monate später erschoss ein Eta-Kommando dann bei Irún einen wegen seiner Folterungen von Regimegegnern gefürchteten Beamten der politischen Polizei. In einem Kriegsgerichtsverfahren in Burgos wurden deswegen neun Todesurteile verhängt. Doch gab es keine Beweise für die Schuld der Angeklagten, die alle von Folterungen durch die politische Polizei Francos berichteten. Gegen das Urteil wurde mit Massendemonstrationen im Ausland protestiert. Auch in Spanien kam es zu Protestkundgebungen, im Baskenland zu zahlreichen Streiks. Die Regierung Franco wandelte die Todesurteile schließlich in lebenslängliche Strafen um.

Der damals von der Mehrheit der Basken unterstützte Kampf der Eta verhärtete sich in der Folge. Franco ließ noch 1975 einige Eta-Aktivisten hinrichten. Nach seinem Tod gab ein großer Sektor der Eta, in dem die sozialistische Ideologie dominierte, den bewaffneten Kampf auf; der andere Sektor, in dem baskische Nationalisten überwogen, die sogenannte Eta(militar), verschärfte den Terror gegen den neuen demokratischen Staat und tötete bei Bombenattentaten immer mehr Menschen. Über 800 Personen fielen den Eta-Anschlägen seit Beginn der Demokratie zum Opfer, die meisten von ihnen Militärs, Polizisten und Politiker, aber auch politisch nicht aktive Personen. Alle demokratischen Regierungen Spaniens haben mit der Eta über eine Aufgabe der Gewalt verhandelt, bisher aber immer ohne Erfolg. Inzwischen ist die Eta schwächer geworden und findet immer weniger Unterstützung bei der baskischen Bevölkerung. Trotzdem gelingt es der terroristischen Organisation mit vereinzelten Anschlägen immer wieder, die Spanier in Schrecken zu versetzen. Jahrzehntelang hat eine kleine Minderheit von Basken die gesamte Region und das ganze übrige Spanien terrorisiert.

Das Baskenland besitzt sehr weitgehende Autonomierechte innerhalb des spanischen Staates. Die Eta und die ihr nahestehenden

Parteien fordern allerdings nach wie vor ein völlig unabhängiges Baskenland, eine Loslösung aus dem spanischen Staatsverband. Auch die teilweise von Basken bewohnte Region Navarra und der zu Frankreich gehörende kleinere Teil des Baskenlandes müssten sich diesem neuen Staat anschließen. Wie ein solcher baskischer Staat innerhalb der Europäischen Union existieren soll, wurde allerdings bisher nicht überzeugend dargelegt. Die Separatisten haben ein unerschütterliches Selbstbewusstsein, fühlen sich allen anderen Spaniern überlegen und begründen ihr angebliches Recht auf Selbstbestimmung auch mit historisch falschen «Fakten», so dem Hinweis auf die angebliche Existenz eines frühen unabhängigen baskischen Staates. Die Position der spanischen Regierung ist eindeutig: Nur kolonialisierten Völkern, nicht aber einzelnen Regionen innerhalb der europäischen Staaten könne das Recht auf staatliche Selbstbestimmung zugestanden werden.

DISTANZ ZUR NATION

Der jahrhundertelange Entwicklungsrückstand Spaniens seit dem Verfall des spanischen Weltreiches führte zu Unsicherheiten und Minderwertigkeitskomplexen in der Bevölkerung; als Gegenreaktion darauf demonstrierten einige, vorwiegend rechtsextreme Gruppen nationale Überheblichkeit in eher unwichtigen Dingen. Im letzten Drittel des Franco-Regimes, als Spanien in der Weltpolitik nicht einmal eine zweitrangige Rolle spielte, wurde der Fußballclub Real Madrid als Ausdruck des spanischen Nationalstolzes gefeiert. Der Gewinn des Europapokals durch Real Madrid in fünf Jahren nacheinander (1955 bis 1959) wurde zum Symbol für die richtige Politik Spaniens in jenen Jahren stilisiert. Als im Jahre 2001 Real Madrid von den internationalen Fußballverbänden zum besten Fußballclub des vorausgegangenen Jahrhunderts gewählt wurde, nahm die nunmehr demokratische Regierung das zur Kenntnis, sah es aber als das Verdienst eines gut geführten Clubs und seiner zum Teil aus anderen Teilen der Welt gekommenen Fußballspieler an. Fußball ist auch in

Spanien ein Ventil für übersteigerten Patriotismus. Aber die spanischen Fußballstadien sind für ein sachkundiges, selten aggressives Publikum berühmt. Fremdenfeindliche oder gar rassistische Beschimpfungen hört man selten, und wenn, dann werden sie von den spanischen Sportbehörden mit hohen Geldstrafen und zeitweiligem Ausschluss aus den Stadien bestraft.

Der Gedanke, Spanien als Nation zu sehen, kam erst nach der Französischen Revolution auf, erhielt Auftrieb in breiten Volksschichten durch die Unabhängigkeitskämpfe gegen die Truppen Napoleons und verbreitete sich dann im Laufe des 19. Jahrhunderts. Bis 1808 fühlten sich die Spanier eher einzelnen Regionen zugehörig. Der Jesuit Juan de Mariana hatte sich zwar schon in seinem 1601 zunächst in lateinischer Sprache erschienenen und dann von ihm ins Spanische übersetzten Werk «Historiae de rebus Hispaniae» mit den glorreichen Ereignissen der spanischen Geschichte beschäftigt, von den Heldentaten von Spaniern im Mittelalter bis hin zum Katholischen Königspaar. Mit diesem Buch – es wurde jahrhundertelang verbreitet – beginnt die nationale Geschichtsschreibung in Spanien. Aber erst im 19. Jahrhundert wurde sie wirklich fortgesetzt, als die Liberalen die Idee von Spanien als Nation förderten. Selbst der konservative mehrfache Ministerpräsident und Historiker Cánovas del Castillo (1828–1897) schlug, als über die Definition der spanischen Staatsbürgerschaft in der Verfassung von 1876 diskutiert wurde, halb scherzhaft, halb zynisch den Satz vor: «Spanier ist jeder, der keine Möglichkeit hat, etwas anderes zu sein.»[28]

Nationalismus war gerade den größten spanischen Schriftstellern und Malern fremd, so auch Francisco de Goya, der den spanischen Unabhängigkeitskrieg gegen Napoleon miterlebte. Bei ihnen fand die spanische Nation eine eher kritische, distanzierte Darstellung. Rechtsgerichtete, betont nationalistische Regierungen trieben bedeutende Intellektuelle und Künstler ins Exil. Besonders groß war der Aderlass im spanischen Geistesleben während und nach dem Bürgerkrieg. Wissenschaftler, Schriftsteller und Künstler flohen – soweit sie nicht von den Truppen Francos gefasst und dann oft hingerichtet wurden – nach Frankreich, später in die iberoamerikanischen Länder. Besonders in Mexiko und Argentinien waren sie sehr willkommen und konnten an Universitäten unterrichten oder ihr schriftstellerisches Werk in gewohnter sprachlicher Umgebung fortsetzen.

Luis Buñuel, der größte spanische Filmemacher, drehte einige seiner besten Filme in Mexiko und Frankreich und kehrte nur zeitweise für einige Filmprojekte nach Spanien zurück. Von den vier großen spanischen Malern der Moderne starben Juan Gris und Pablo Picasso im französischen Exil; Joan Miró lebte lange Zeit in Frankreich und kam erst im Alter nach Spanien zurück. Nur der politische Opportunist und geniale, aber geldgierige Selbstdarsteller Salvador Dalí biederte sich bei Franco und dessen Regime an, das alle moderne Malerei, besonders die abstrakte, verachtete. Bis zu seinem Tod hielt er in seiner nordkatalanischen Heimat Hof.

13

KULTURELLE STREIFLICHTER

Die spanische Kultur des vergangenen Jahrhunderts war trotz politischer Wirren und Diktatur von großer Strahlkraft. Einige der weltweit einflussreichsten Maler des Jahrhunderts waren Spanier, spanische Regisseure schrieben internationale Filmgeschichte, und in der Literatur, besonders in der Lyrik, entstanden in Spanien in diesem Jahrhundert Werke, wie es sie hier in solcher Fülle und von solch hoher literarischer Qualität in den zwei Jahrhunderten zuvor nicht gegeben hatte. Die Lyriker der Generation von 1927 veranlassten Literaturhistoriker, gar vom «Silbernen Zeitalter» (*Edad de plata*) der spanischen Literatur zu sprechen, in Anlehnung an das «Goldene Zeitalter» (*Edad de oro*) der klassischen spanischen Literatur mit Cervantes, Lope de Vega und Calderón.

Im Folgenden werden lediglich einige Höhepunkte des kulturell so reichen 20. Jahrhunderts in Spanien beleuchtet.

DIE RÜCKKEHR DER KUNST NACH FRANCOS TOD

Pablo Picasso blieb, obwohl er Jahrzehnte in Frankreich lebte, immer spanischer Staatsbürger. Als ihn der französische Kulturminister, der Schriftsteller André Malraux, in eine Briefmarkenserie großer französischer Maler aufnehmen wollte, verweigerte Picasso seine Genehmigung, weil er Spanier sei und bleiben wolle. Picasso kündigte mehrmals an, einen großen Teil seines Werkes, Tausende von Gemälden und Grafiken, nach seinem Tod in spanische Museen schicken zu lassen. Dieses Vorhaben gab er auf, als im November 1971 die rechtsextremen Christkönigskrieger, zu denen auch politische Polizisten Francos gehörten, bei einer Ausstellung in Madrid 20 Grafiken seiner «Suite Vollard» mit Schwefelsäure beschütteten und zerstörten. Dem Picasso-Museum in Barcelona hatte der Maler jedoch schon einige Jahre zuvor 800 Werke vor allem aus seiner Frühzeit geschenkt. Das inzwischen in seiner Geburtsstadt Málaga gegründete Picasso-Museum wurde mit Schenkungen aus dem Nachlass versehen.

Picassos «Guernica» wurde 1981, acht Jahre nach dem Tod des Malers, nach Madrid gebracht. Das monumentale Wandbild über die Zerstörung der baskischen Stadt durch die Bomben der mit Franco verbündeten deutschen Legion Condor war im Auftrag der republikanischen Regierung für die Weltausstellung 1937 in Paris entstanden. Picasso hatte verfügt, dass es nach Spanien kommen solle, wenn der Diktator Franco tot und Spanien wieder eine Republik sei. Franco starb zwei Jahre nach Picasso, aber Spanien wurde nicht wieder zur Republik, sondern zu einer parlamentarischen Monarchie. Doch die spanische Regierung interpretierte den Willen des Künstlers sicher richtig, als sie meinte, dieser habe mit ‹Republik› wohl die Demokratie gemeint; nicht so sehr auf die Staatsform – Republik oder Monarchie –, sondern auf die Regierungsform – Demokratie oder Diktatur – sei es ihm angekommen. Am Morgen des 10. September 1981 kam «Guernica» dann in einem Linienflugzeug aus New York unter großer Geheimhaltung in Madrid an und wurde in den *Casón del Buen Retiro*, eine Dependance des Prado-Museums, gebracht. Dort war es in einem Kasten aus Panzerglas zu sehen, neben dem mehrere bewaffnete Guardia-Civil-Polizisten standen. Man befürchtete einen rechtsextremistischen Anschlag auf das große Bild, schließlich waren im Jahre 1981 die gewalttätigen rechtsextremen Organisationen noch stark in Spanien und erhielten Unterstützung von zivilen wie von militärischen Gegnern der Demokratie. Und «Guernica» war inzwischen zum Symbol für den Widerstand gegen Franco im Bürgerkrieg und allgemein gegen Diktatur und Faschismus geworden.

Im Unterschied zu Picassos Jahrhundertgemälde musste das demokratische Spanien viele Werke großer Maler des 20. Jahrhunderts, darunter zahlreiche des Spaniers Juan Gris, für teures Geld kaufen, nachdem der Staat während der Franco-Zeit, als die Bilder noch erschwinglicher waren, solche Kunst nicht hatte haben wollen. Der größte Coup gelang der Regierung, als sie im Sommer 1993 die Sammlung Thyssen-Bornemisza erwarb. Der Staat kaufte die wohl wertvollste private Kunstsammlung der Welt für umgerechnet etwa 300 Millionen Euro von Baron Hans Heinrich von Thyssen-Bornemisza; rund 75 Millionen Euro hatte er zusätzlich für den Umbau und die Einrichtung des Museumsgebäudes, des gegenüber dem Prado gelegenen Villahermosa-Palastes, ausgegeben. Trotzdem war es für Spanien ein gutes Geschäft, denn der Einzelverkauf der von Thyssen und schon von seinem Vater gesammelten Werke, der ebenfalls im Gespräch war, hätte wohl mehr als zwei Milliarden Euro eingebracht. Doch Thyssen war es wichtig, dass die Sammlung, wie er sie zunächst als Leihgabe für zehn Jahre für den Villahermosa-Palast ausgewählt hatte, für immer zusammenblieb. Sie enthält viele Bilder aus dem 19. und 20. Jahrhundert; aus diesen Epochen hatten die spanischen Könige und der Staat keine Kunstwerke mehr für den Prado gesammelt. Von Bedeutung war für den Baron auch die Wahl eines würdigen Standplatzes; der prächtige Villahermosa-Palast ist das sicher. Auch die Nähe zum Prado spielte gewiss eine Rolle. Die Sammlung hatte zahlreiche Angebote aus Deutschland, Großbritannien und den Vereinigten Staaten erhalten. Die Schweiz bot schließlich besonders attraktive Gebäude in Locarno an, doch Thyssen meinte, dass die große Stadt Madrid mehr Besucher garantieren würde als das etwas abgelegene Locarno. Ein kleiner Teil seiner Sammlung wurde nach Barcelona gebracht, in die Geburtsstadt von Thyssens letzter Ehefrau, der Spanierin Carmen Cervera.

Madrid ist mit dem Prado, dem Kunstzentrum Reina Sofía für Zeitgenössische Kunst und der Sammlung Thyssen-Bornemisza – alle drei in der neuen Madrider Kulturmeile gelegen und nur höchstens zehn Minuten Fußweg voneinander entfernt – wohl die Stadt auf der Welt mit der wertvollsten Malerei. Dabei ist der Prado im Übrigen eines der wenigen großen Museen, das keine Beutekunst besitzt. Die spanischen Monarchen haben sich schon in frühen Jahrhunderten am internationalen Kunsthandel beteiligt und ihre königlichen Sammlungen durch Aufträge und Ankäufe ergänzt. Philipp IV. (1605–1665) schickte sogar einen Maler wie Diego Velázquez nach Italien, um Gemälde und Skulpturen großer Meister vor Ort zu erwerben.

Während aber früher fast nur Madrid und Barcelona große Kunstausstellungen organisierten, sind mit der Bildung der autonomen Regionen in den ersten Jahren der Demokratie auch zahlreiche Museen in der sogenannten Provinz eingeweiht worden. Neben dem bekannten IVAM in Valencia, dem Museum für Zeitgenössische Kunst der Extremadura und Iberoamerikas in Badajoz oder dem Kunstzentrum CAAM in Las Palmas auf Gran Canaria kamen in den letzten 15 Jahren zahlreiche Kulturzentren in Städten wie La Coruña, León, Málaga, Palma de Mallorca und Vigo hinzu. In eine verfallene alte Industriegegend im baskischen Bilbao stellte der amerikanische Architekt Frank O. Gehry das spektakuläre Gebäude für ein Guggenheim-Museum. Der Bau und die Wanderausstellungen dieses Museums ziehen viele Besucher nach Bilbao und haben mit dazu beigetragen, dass die früher wenig attraktive Industriestadt zu einem Touristenzentrum geworden ist.

Die Internationale Kunstmesse für Zeitgenössische Kunst Arco, die seit 1982 in Madrid stattfindet, hält noch immer weltweite Besucherrekorde. Nach den spanischen Galerien besetzen die deutschen die meisten Kojen und nutzen den Austausch mit Gästen vor allem aus iberoamerikanischen Ländern.

DER FILM ALS SATIRISCHE ABRECHNUNG

Spanier lieben das Kino. Bis vor wenigen Jahren war die Zahl der Filmbesucher in Spanien noch mindestens doppelt so hoch wie in jedem anderen europäischen Land. Dem Medium Film konnte sich auch die Diktatur nicht entziehen. In den ersten Jahren nach dem Bürgerkriegssieg wurden vorwiegend Heldenfilme über die Kämpfer auf der Siegerseite produziert und Geschichten aus dem traditionellen «gesunden spanischen Volksleben». Filmemacher wie Juan Antonio Bardem und Luis García Berlanga hatten es noch relativ schwer, ihre kritischen Filme über die Hürden einer damals besonders engstirnigen Zensur in die Lichtspielhäuser zu bringen. Bardem zeigte in seinen realistischen Streifen (z. B. «Tod eines Radfahrers», 1955) die skandalösen Zustände und die Korruption im Lande, und Berlanga versuchte (z. B. in «Willkommen, Mr. Marschall», 1953), die Heuchelei in der spanischen Gesellschaft mit den Mitteln der Ironie und eines typisch spanischen schwarzen Humors aufzudecken.

Als Spanien sich mit Beginn der 60er-Jahre als modernes, den europäischen Nachbarn ähnliches Land zeigen wollte, erlaubte man ästhetisch avantgardistische Filme mit vorsichtiger Kritik an der spanischen Situation. Diese Filme wurden bevorzugt auf internationale Filmfestivals geschickt; sie sollten dem Ausland demonstrieren, dass in Spanien fortschrittliches Kino gemacht werden konnte. Der Staat übernahm bei zahlreichen dieser Vorzeigefilme einen großen Teil der Produktionskosten. Die relative Toleranz aus Gründen der Imagepflege im Ausland ließ ein zeit- und regimekritisches Kino entstehen, das unter dem Markennamen «El nuevo cine español» («Das neue spanische Kino») bei zahlreichen Festivals und in nationalen Cinematheken gezeigt wurde und großes Echo bei der heimischen und ausländischen Kritik fand. Regisseure wie Carlos Saura, Basilio Martín Patino, Vicente Aranda, Mario Camus und Manuel Gutiérrez Aragón schufen Filme, welche die intellektuelle Rebellion gegen das während der Diktatur erstarrte alte und traditionelle Spanien bewusst begleiteten.

Carlos Saura, Lieblingsschüler seines großen aragonischen Landsmannes Luis Buñuel, nahm das opportunistische und heuchlerische spanische Bürgertum der 50er- und 60er-Jahre aufs Korn, um es ironisch zu porträtieren. «Die Jagd» (1965) brachte erstmals blutrünstige Uniformierte, die Rhetorik und die Schießwut des halbfaschistischen Regimes auf die Leinwand. Wie bei einem seiner anderen Filme, «Züchte Raben» (1975), hielten die Militärs damals wütende Reden auf den Kasernenhöfen und forderten das Verbot, weil in dem Streifen das Fürchterliche und Unmögliche geschah: Die Frau eines spanischen Offiziers setzte ihrem Mann Hörner auf. Die Symbole der politischen und sozialen Kritik wurden in den Werken Sauras und anderer Filmemacher zunehmend verfeinert, nicht zuletzt, um sie für die Zensur weniger durchschaubar zu machen. Sauras Film «Ana und die Wölfe» (1972) rettete General Franco persönlich vor seiner eigenen Zensur. Dem alternden Diktator wurden jede Woche mehrere Filme vorgeführt, wobei er sich auch die von der Zensur inkriminierten Arbeiten anschaute, darunter eben auch «Ana und die Wölfe». Das Urteil des Generalísimo, der selbst einmal ein Filmdrehbuch geschrieben hatte – «schöne Landschaften, exzellente Bilder, erlesene Farbe, den Inhalt kann sowieso niemand verstehen»[29] –, entwaffnete die gestrenge Zensur.

Bald nach Francos Tod beschäftigte sich der spanische Film mit dem Bürgerkrieg und der Diktatur. Die Rechten allerdings warnten – wie sie es heute auch noch tun – vor jeder Art von Vergangenheitsbewältigung: Es könnten alte Wunden wieder aufgerissen werden (Wunden, die in Wirklichkeit bis heute nicht geschlossen und keineswegs verheilt sind). Teils mit Anleihen aus dem Dokumentarfilm haben Regisseure wie Jaime Camino («La vieja memoria», 1979, und «Dragon Rapide», 1986) einzelne Episoden aus dem Bürgerkrieg wieder aufgerollt, in denen General Franco – von Schauspielern dargestellt oder in Wochenschauaufnahmen – selbst erscheint. Für zahlreiche spanische Kinogänger war es sicher ein bewegendes Erlebnis, den bis dahin nur in Propagandafilmen und ausgewählten vorteilhaften Wochenschauaufnahmen gezeigten General und Diktator nun mit all seinen menschlichen Schwächen zu sehen: als übersentimentalen Vater und als ganz unsentimentalen Putschisten, als jemanden, den der Tod Tausender Menschen nicht umtreibt, wohl aber die Sorge um seine Altersversorgung bei einem eventuellen Scheitern des Putsches. In «Dragon Rapide» wird Franco ausgerechnet von dem Schauspieler Juan Diego gespielt; er war einer der wegen Widerstands gegen die Franco-Diktatur am häufigsten verhafteten Spanier.

Inzwischen erscheint der «Caudillo» auch als Karikatur auf der Leinwand, in Francisco Regueiros Film «Madregilda» (1993) etwa als ein infantiler, lächerlicher und eigentlich ganz unbedeutender Mann. Regueiros Film will kein historisch ausgewogenes Werk sein, sondern ist eine bösartige Abrechnung mit der mächtigen Vaterfigur, die autokratisch für ein ganzes Volk entschied und die jungen Spanier von damals in ihrer freien Entscheidung behinderte, die aber umgekehrt auch ein brauchbarer Sündenbock und bequemes Alibi für die eigene Untätigkeit wurde. «Madregilda» kritisiert damit durchaus auch die spanische Bevölkerung. Regueiros Landsleute erscheinen in dem Film als ein Volk in ständiger Angst vor einem kleinlichen, rachsüchtigen Mann, der seine absolute Macht mit kindlicher Freude genießt, ohne Gefühlsregung zahlreiche Menschen umbringen lässt und dann über die eigenen Schandtaten in Tränen ausbricht.

Von den spanischen Filmemachern der Gegenwart hat sicher Pedro Almodóvar den größten Erfolg auch außerhalb der spanischen Grenzen; Filme wie «Frauen am Rande des Nervenzusammenbruchs» (1988) oder «Alles über meine Mutter» (1999) zogen weltweit Besucherscharen an. Die Zeitgeschichte liefert Almodóvar nicht die Themen, aber sie ist in der Handlung seiner Filme noch präsent. Auch das alte traditionelle Spanien ist noch nicht vergessen, wird allerdings von einem vor allem in sexuellen Fragen überaus modernen, geradezu postmodernen Spanien in den Hintergrund gedrängt. Auch andere, noch jüngere Regisseure, wie Alejandro Amenábar oder Bigas Luna, hatten internationalen Erfolg, und das nicht nur auf Filmfestivals. Manche Schauspieler aus den ersten Filmen Almodóvars, etwa Antonio Banderas und Penelope Cruz, sind internationale Stars geworden, auch in Hollywood.

Der spanische Film ist, ob er sich nun mit den grausamen Episoden der jüngsten Vergangenheit beschäftigt oder den Zuschauern ein neues freiheitliches und experimentelles Leben spiegelt, inzwischen ein durchaus gesunder Industriezweig mit tüchtigen Produzenten, einfallsreichen Drehbuchautoren und Regisseuren sowie ausdrucksstarken Schauspielern. Unterstützung vom Staat fordern die spanischen Filmschaffenden mit dem Argument, dass sie gegen die erdrückende Konkurrenz der nordamerikanischen Filmindustrie ankämpfen müssen und dass der Film eine der wichtigsten künstlerischen Ausdrucksweisen eines Volkes sei.

LUIS BUÑUEL

Letzteres wussten schon die Kulturfunktionäre der Diktatur, und deshalb versuchten sie, vor allem in den letzten Jahren vor Francos Tod, Luis Buñuel zu Dreharbeiten nach Spanien zu holen. Das Spanien Francos öffnete sich ab 1970 im gesamten kulturellen Bereich. Die früher als «Ausgeburt der Hölle, Kinder des Satans und Mitläufer der jüdisch-freimaurerisch-marxistischen Verschwörung» attackierten Künstler wie Buñuel, aber auch Picasso oder die Schriftsteller Max Aub und Ramón J. Sender wurden wieder als große Vertreter des spanischen Geisteslebens gewürdigt.

Buñuels erster in Franco-Spanien gedrehter Film war zu einem Skandal für das Regime geworden. Damals, 1961, waren es allerdings junge linksgerichtete Filmschaffende gewesen, die mit einer kleinen Produktionsgesellschaft Buñuel angeboten hatten, «Viridiana» in Spanien zu drehen. Don Luis, der Altmeister, ließ sich überzeugen, und «Viridiana» – die Geschichte einer Novizin, die in ihrem Glauben an das Gute auf drastische Weise scheitert – wurde als offizieller spanischer Beitrag zu den Filmfestspielen nach Cannes geschickt, wo ihm prompt der große Preis zugesprochen wurde. In Abwesenheit Buñuels nahm der für Film zuständige Ministerialdirektor in Francos Informationsministerium die Goldene Palme entgegen. Es war der glanzvollste und auch letzte Auftritt des Ministerialdirektors.

Eine Kritik des «Osservatore Romano» löste den Skandal aus. Die Sittenrichter des vatikanischen Blattes beklagten sich bitter, dass ausgerechnet aus «dem so geliebten katholischen Spanien» ein blasphemischer Film gekommen sei, und die Regierung Franco reagierte prompt. Als der Ministerialdirektor mit der Goldenen Palme von Cannes kommend die spanische Grenze überquerte, war er bereits abgesetzt worden. «Viridiana» wurde sofort verboten. Franco ließ sich den Film vorführen und ordnete die Zerstörung aller Kopien an. Eine Negativkopie war jedoch in weiser Voraussicht nach Paris gebracht worden, sodass der Film trotz Francos Zerstörungsbefehl erhalten blieb. In Spanien gezeigt wurde er allerdings erst 1977.

Wie bei den surrealistischen Filmen seiner Frühzeit (z. B. «Ein andalusischer Hund», 1929, und «Das goldene Zeitalter», 1930) war Buñuel erneut mit fanatischen Katholiken zusammengestoßen. Nach dem Bürgerkrieg war er von Faschisten und Klerikalen verleumdet worden; nun wurden wieder die gleichen Vorwürfe gegen ihn erhoben: blasphemische Gottlosigkeit und sündig-perverser Erotismus. Don Luis, in dessen Filmen der Religion und der Kirche wichtige Rollen zukommen, antwortete auf die Vorwürfe gewöhnlich sehr gelassen: «Gott sei Dank bin ich Atheist.»

Dennoch war Buñuel immer «das Lieblingsobjekt der Begierde» von Francos gemäßigten Kulturbürokraten. 1970 ließ er sich schließlich überreden, wieder in seine Heimat zu kommen, weil er das von ihm seit Langem geplante Filmprojekt «Tristana» in Toledo, in der ihm aus seiner Kindheit vertrauten spanischen Provinz, drehen wollte. Noch dazu bot man ihm an, ohne jede Zensur, weder am Drehbuch noch am fertigen Film, arbeiten zu können. Diese Freistellung von der Zensur brachte Buñuel jedoch erneut Ärger, diesmal mit der Linken. Eine Gruppe junger Filmleute und Studenten der spanischen Filmhochschule warf dem bis dahin so verehrten Don Luis vor, Sonderprivilegien zu genießen, während die übrigen spanischen Filmemacher weiterhin unter der Zensur zu leiden hatten: Buñuel werte damit die Franco-Diktatur und ihre Kulturpolitik auf und schade zudem seinen Kollegen. Als Buñuel die staatliche spanische Filmhochschule besuchen wollte, brachten ihm die Filmstudenten ein Pamphlet in seine Madrider Wohnung, mit dem sie ihn von der Filmhochschule wiesen. Buñuel, von den Faschisten aus Spanien ins Exil geschickt, von Kommunistenjägern aus den Vereinigten Staaten vertrieben, musste sich über diese symbolische Ausweisung und den Vorwurf, «ein Helfershelfer der Franco-Diktatur» zu sein, besonders ärgern. Er reagierte mit einem iberisch-deutlichen Zornesausbruch; seinen späteren Filmen schadete der Ärger mit Rechten und Linken aber kaum.

Seine drei letzten Filme, darunter 1977 «Cet obscur objet du désir», drehte er für französische Produzenten. Im spanischen Baskenland suchte er noch ein Jahr vor seinem Tod 1983 nach Drehorten für sein letztes, nicht mehr realisiertes Projekt über den gewalttätigen baskischen Separatismus. Buñuel bewahrte sich seinen bissigen Humor, enthüllte weiterhin die Heuchelei der Gesellschaft, brachte Religion und Erotik nahe zusammen, ridikülisierte die traditionellen spanischen und katholischen Bräuche und die bürgerlichen Konventionen. Der Jesuitenorden blieb einer seiner Hauptfeinde, obwohl er mit einzelnen Vertretern der Gesellschaft Jesu enge Freundschaften pflegte. In Mexiko, wo er zuletzt seinen Hauptwohnsitz hatte, gehört er zu den angesehensten spanischen Emigranten. In Frankreich galt der ehemalige Surrealist vielen als der bedeutendste Filmregisseur der Welt.

LITERARISCHE VIELFALT

In den letzten fünf Jahren der Diktatur versuchten die Kulturpolitiker, auch die bedeutenden, 30 Jahre vorher ins Exil getriebenen Intellektuellen und Schriftsteller nach Spanien zurückzuholen. Dem anarchosyndikalistischen Schriftsteller Ramón J. Sender wurde der höchstdotierte Literaturpreis des Landes, der *Premio Planeta*, angeboten, in der Hoffnung, er komme nach Barcelona, um sich die Preissumme abzuholen. Doch Sender kam nicht, sondern ließ sich die ansehnliche Summe einfach in sein amerikanisches Exil überweisen.

Die Verleihungen der hoch dotierten Romanpreise wurden schon zu Lebzeiten Francos als große Literaturfeste gefeiert. Der Kreis der Gebildeten und Interessierten, die am literarischen Leben – nicht nur als Leser – teilnahmen, war bis etwa 1970 in Spanien wohl größer als in allen anderen westeuropäischen Ländern. Der literarische Stammtisch, die *tertulia literaria*, war (und ist) eine nicht wegzudenkende Einrichtung der literarischen Cafés in den Großstädten. Der junge Jurist, der zwischen Universitätsexamen und Berufsstart einen Roman schrieb, war nicht gerade eine Seltenheit. Vielleicht interessierte man sich wegen der politischen Eintönigkeit im Land mehr für Literatur. Diese eignete sich auch gut für versteckte politische Kritik. Manche Autoren meinten wohl, ihre Bücher könnten die Rolle des nicht existierenden freien Parlaments übernehmen, was allerdings die literarische Qualität ihrer Werke nicht unbedingt steigerte.

Inzwischen wird die Politik auch in Spanien wieder von den Politikern gemacht, die Kritik an der Regierung findet vorwiegend im Parlament statt. Manche Autoren haben nach dem Ende der Diktatur das literarische Schreiben ganz aufgegeben, verfassen heute politische Reden und widmen sich als Abgeordnete und Parteiangestellte ihrer eigentlichen Berufung, der Politik. Die Schriftsteller ihrerseits versuchen, möglichst gut zu schreiben, nach der berühmten Maxime von Gabriel García Márquez: «Die erste politische Pflicht eines Schriftstellers ist es, gut zu schreiben.» Und die spanischen Leser danken es ihnen. Präsentationen neuester Buchpublikationen finden lebhaftes Interesse, und die Schlangen auf der Buchmesse, wenn die aktuellen Lieblingsautoren Signierstunde haben, sind legendär.

Fünf Spanier haben im 20. Jahrhundert den Literaturnobelpreis erhalten. Nach den Dramatikern José Echegaray (1904) und Jacinto Benavente (1922) erhielt den Preis noch während der Diktatur der im Exil lebende Lyriker Juan Ramón Jiménez (1956). 21 Jahre später

Ort literarischer Gespräche.
Eine Taverne in der Madrider Altstadt

zeichnete die schwedische Akademie den Lyriker der Generation von 1927 Vicente Aleixandre aus und 1989 den Romancier Camilo José Cela. Die Nobelpreise für iberoamerikanische Dichter wurden in Spanien genauso gefeiert wie die für spanische Autoren. Camilo José

Cela hatte mit seinen ersten realistischen Romanen dazu beigetragen, der patriotischen Rhetorik der Bürgerkriegssieger in der Literatur ein Ende zu setzen. Seine späteren Bücher sind jedoch von unterschiedlichem literarischen Wert. Schon in den 50er-Jahren erklärte Cela sich allerdings selbst zum besten Schriftsteller Spaniens, «wobei es mich beschämt festzustellen, wie wenig Anstrengung mich das gekostet hat».[30] Der Nobelpreis und die maßlose Jubelkampagne einiger spanischer Zeitungen ließen Celas schon früher übersteigertes Selbstbewusstsein in seinen letzten Lebensjahren endgültig zur anmaßenden Geringschätzung aller schreibenden Mitmenschen werden.

Am spanischen Roman der letzten zwanzig Jahre fällt zunächst einmal seine große Varietät im Inhalt wie auch in den Formen auf. Es gibt keine dominierende Ästhetik, keine bestimmende Thematik, keine literarischen Schulen und keine sich aufdrängenden Tendenzen. Literarische Einflüsse kommen aus den verschiedensten Richtungen: natürlich weiterhin von Hispanoamerikanern wie Jorge Luis Borges, Gabriel García Márquez, Julio Cortázar oder José Lezama Lima, aber auch von zeitgenössischen deutschsprachigen Schriftstellern wie Thomas Bernhard, Peter Handke, Günther Grass. Charakteristisch ist die Vielfalt auch im Erzählrhythmus, den Schauplätzen, Milieus und den Epochen, in denen die Handlung angesiedelt ist. Natürlich ist auch die jüngste Geschichte im neuen Roman präsent, die Franco-Diktatur, die Last des Bürgerkriegs, der Kampf für Demokratie und für eine soziale Umwälzung.

Mit der Franco-Zeit beschäftigt sich in wechselnden Erzählperspektiven auch der erste und sehr erfolgreiche Roman von Antonio Muñoz Molina, «Beatus Ille» (1986, dt. 1991), eine Mischung aus Politkrimi und Liebesgeschichte. In «Wolfsmond» («Luna de lobos», 1985, dt. 1991) von Julio Llamazares wird der verzweifelte bewaffnete Widerstand Einzelner in den nordspanischen Bergen Hintergrund für die profunde und sprachlich dichte Darstellung einer dramatischen Einsamkeit. Beide Bücher sind Schlüsselwerke des neuen zeitkritischen Romans und Wegbereiter der literarischen Vergangenheitsbewältigung.

Spanische Aktualität spielt auch in einige der letzten Romane von Jorge Semprún hinein, obwohl diese zum Teil auf Französisch geschrieben sind. Semprún, ehemals verantwortlich für die kommunistische Untergrundarbeit im Spanien Francos und viel später Minister einer demokratischen Regierung, ist geradezu der Prototyp eines politischen Schriftstellers, bei dem politische Aktion und literarische Tätigkeit sich fast periodisch abwechseln und gegenseitig beeinflussen.

Spaniens Schriftsteller mischen sich auch heute noch gern ins Tagesgeschehen ein. Dass Dichter und Philosophen zu praktisch allen Themen in Zeitungen Stellung nehmen, hat eine lange und gute Tradition im Lande. Den komplexen Problemen der heutigen Politik zeigen sich aber viele Schriftsteller nicht gewachsen. Der anspruchsvolle Essay zu philosophischen, literarischen und auch politischen Themen – beispielsweise von Juan Goytisolo – findet allerdings seit einigen Jahren zunehmend viele Leser.

Mit Beginn der Demokratie erhielt die Literatur in den regionalen Sprachen großen Auftrieb. Diese Literatur wird auch von den Regierungen der offiziell zweisprachigen Regionen stark unterstützt.

Zu den in Deutschland meistgelesenen spanischen Autoren gehörten in den letzten Jahren Javier Marías mit «Mein Herz so weiß» («Corazón tan blanco», 1992, dt. 1996) und Carlos Ruiz Zafón mit seinem spannend konstruierten Roman «Der Schatten des Windes» («La sombra del viento», 2001, dt. 2003). Die Rezeption spanischer Literatur hat in Deutschland eine lange Tradition. Die Schriftsteller der deutschen Klassik und der Romantik wurden von den spanischen Dramatikern des Goldenen Zeitalters, von Lope de Vega (1562–1635) und mehr noch von Pedro Calderón (1600–1681), beeinflusst; ein zeitloser Klassiker wurde der «Don Quijote» von Cervantes in der Übersetzung von Ludwig Tieck. Über Jahrhunderte hinweg wurde ferner von deutschen Intellektuellen und Philosophiestudenten Baltasar Graciáns (1601–1658) «Handorakel und Kunst der Weltklugheit» gelesen. José Ortega y Gasset (1883–1955) und Federico García Lorca (1898–1936) waren die gleich nach Ende des Zweiten Weltkriegs am meisten ins Deutsche übersetzten bzw. aufgeführten Autoren.

DIE DEUTSCHE SPRACHE IN SPANIEN

Am Ende des 19. und in der ersten Hälfte des 20. Jahrhunderts lernten noch relativ viele Spanier Deutsch. Die Studenten bewarben sich um Stipendien für deutsche Universitäten; für spanische Juristen gehörte es sich geradezu, einen Teil ihrer Studienzeit in Deutschland zu verbringen. Die deutsche Philosophie, nicht nur der Krausismus (siehe Kapitel 6, S. 82), übte starken Einfluss aus oder war zumindest ein beliebtes Diskussionsthema in den gebildeten Kreisen.

Nach seinem Bürgerkriegssieg führte das Franco-Regime für einige Jahre Deutsch und Italienisch als Pflichtfremdsprachen in den Gymnasien ein, die Sprachen der beiden Länder, die der spanischen Rechten im Krieg geholfen hatten. Doch viele Schüler empfanden das als einen politischen Zwang und boykottierten den Unterricht. Sie bevorzugten andere Sprachen wie Englisch und Französisch, die aber nur als Wahlfächer angeboten wurden. Später dann konnten die Gymnasialschüler zwischen Französisch, Englisch und Deutsch als einziger Pflichtfremdsprache wählen. Die meisten entschieden sich für das Französische, das als romanische Sprache für sie leichter zu erlernen war; seit wenigen Jahren dominiert heute aber das Englische. Das Erlernen dieser Sprache fällt vielen Spaniern besonders schwer, weil sie Laute hat, die im Spanischen nicht existieren und ungewohnte Zungenfertigkeit verlangen. Deutsch wiederum galt lange Zeit wegen seiner komplexen Grammatik als die Sprache für Hochbegabte.

DIE UNIVERSITÄTEN

Während es bis vor 30 Jahren nur eine Universität in fast jeder der 17 Regionen gab, haben heute alle 50 Provinzen ihre staatliche Universität, manche sogar mehrere. Die größte Hochschule des Landes ist die Madrider Universidad Complutense (Universität Madrid-Alcalá) mit über 90 000 Studenten. Auch andere große Universitäten wie die in Barcelona und Valladolid, in Sevilla, Santiago de Compostela und Salamanca genießen großes Ansehen in Spanien und in Iberoamerika. Die Universität in Salamanca ist die älteste in Spanien und eine der ältesten in Europa; einen Doktortitel von Salamanca zu haben, gilt in Lateinamerika immer noch als eine besondere Auszeichnung. Im Übrigen haben die Spanier anders als die Kolonisatoren in Nordamerika schon sehr früh Universitäten auf dem amerikanischen Kontinent gegrundet: die erste, die Universidad San Marcos in Lima, im Jahr 1551.

Wie überall in Europa kämpfen heute auch die spanischen Universitäten mit Strukturreformen, schlagen sich zwischen Modernisierungsversuchen und dem Verharren von Gruppeninteressen durch. Die Forschung wurde im 20. Jahrhundert an spanischen Universitäten in vielen Bereichen vernachlässigt. Nachwuchsmediziner und -naturwissenschaftler gehen zum Auslandsstudium heute vorwiegend in die Vereinigten Staaten und nach Großbritannien, die Geisteswissenschaftler und die Juristen sind deutschen und italienischen Universitäten treu geblieben.

14 WIRTSCHAFTLICHE STÄRKEN

DIE PREUSSEN DES SÜDENS?

Der Beginn der spanischen *Transición* fiel mit einer Rezessionsperiode in Europa und mit einer Inflationsrate von bis zu knappen 30 Prozent in Spanien zusammen. Die Voraussetzungen für einen Regimewechsel waren also alles andere als günstig. Doch die spanischen Politiker, die Unternehmer und die Gewerkschaften, die sich zum ersten Mal in vier Jahrzehnten frei organisieren konnten, zeigten einen beachtlichen Willen zur Zusammenarbeit und mäßigten ihre zumeist durchaus berechtigten Forderungen. Im Moncloa-Pakt von 1977 (siehe Kapitel 1, S. 20) erzielten sie einen Konsens über die wichtigsten politischen und wirtschaftlichen Reformen, die sie dann gemeinsam angingen. Die Gewerkschaften verzichteten auf die meisten ihrer revolutionären oder systemverändernden Prinzipien. Bei den nur berechtigten Forderungen nach Lohnerhöhungen wurde das deutsche Modell der Tarifautonomie übernommen. Der Moncloa-Pakt mit seiner Festlegung auf eine freie Marktwirtschaft mit starken sozialen Akzenten wurde in zahlreichen anderen Ländern auf dem Weg zur Demokratie zu einem nachahmenswerten Modell.

Unter der ersten sozialistischen Regierung von Felipe González erfüllte Spanien schneller als in Europa erwartet die Voraussetzungen für den Beitritt zur Europäischen Gemeinschaft und unter der konservativen Regierung von José María Aznar auch die Bedingungen für die Einführung des Euro. Die spanischen Zahlen bei der Auslandsverschuldung, dem Staatsdefizit und der Inflationsrate waren zu Beginn des Jahrtausends besser als die mancher sogenannter europäischer Kernländer, und Spanien verstieß später auch nicht, wie etwa Deutschland oder Frankreich, gegen den Stabilitätspakt der Euro-Zone. Damit Spanien gleich zu Beginn der Währungsunion beitreten konnte, musste die Regierung Aznar eine harte Sparpolitik durchsetzen; Löhne wurden eingefroren, Staatsausgaben für Erziehung und Kultur, aber auch im sozialen Bereich beschnitten. In einigen mittel- und nordeuropäischen Ländern nannte man die Spanier damals die «Preußen des Südens».

Die Spanier selbst beklagen sich allerdings häufig darüber, dass ihnen einige der sogenannten preußischen Tugenden fehlen: So etwa finde man wenige Menschen in Spanien, die sich für das Gemeinwohl mitverantwortlich fühlten, gerade bei ihrer Arbeit. Allzu oft bewundere man die Mitmenschen, denen es gelinge, dem Staat ein Schnippchen zu schlagen. Spanien weist seit Jahren die geringste Produktivität pro Arbeitnehmer und pro Stunde in der EU auf. Man hat sich lange gefragt, warum das so ist. Zunächst hat man die Schuld daran der schlechten Organisation der Arbeit gegeben, also die Arbeitgeber und die Institutionen verantwortlich gemacht. Inzwischen werden die Stimmen immer deutlicher, die behaupten, nur etwa die Hälfte der Spanier arbeite wirklich. Von Beamten der Justizverwaltung kann man durchaus den stolzen Satz hören, man habe endlich die Drei-Tage-Woche erreicht. Die beiden anderen Tage erscheine man mit irgendeiner Ausrede nicht am Arbeitsplatz. Nirgendwo in Europa brauchen Gerichte so viel Zeit bis zu einer Entscheidung wie in Spanien. Zu den früher schon zahlreichen Kaffeepausen kommen jetzt, nachdem in Büros nicht mehr geraucht werden darf, die Zigarettenpausen hinzu. Rund um die Ministerien in Madrid oder vor Bürohochhäusern in anderen Städten sieht man zur vollen Stunde immer Hunderte Angestellte rauchend herumstehen, dazu Nichtraucher, die den Rauchern solidarisch Gesellschaft leisten. Die Politiker trauen sich jedoch nicht, öffentlich zu sagen, dass in Spanien zu wenig, auf jeden Fall aber zu langsam gearbeitet werde.

DER BAUBOOM UND SEIN ENDE

In Spanien wurden von der Jahrtausendwende bis 2008 mehr Wohnungen pro Jahr gebaut als in Deutschland, Frankreich und Großbritannien zusammen. Die Bauwirtschaft wurde in diesen Jahren neben dem Tourismus zum wichtigsten Pfeiler des imponierenden spanischen Wirtschaftswachstums von durchschnittlich über drei Prozent pro Jahr. Über 80 Prozent der inzwischen mehr als 46 Millionen Spanier leben in Eigentumswohnungen. Da nur die wenigsten Spanier zur Miete wohnen möchten, ist es ein wichtiges Ziel sparsamer Eltern aus dem Mittelstand, bei der Hochzeit ihrer Kinder diesen eine zumindest schon angezahlte Wohnung zu schenken. Die Hypotheken sind gewöhnlich sehr langfristig, und die meisten Familien brauchen das ganze Leben, um sie abzuzahlen. Die Gastarbeiter, vor allem die aus Lateinamerika, haben die Vorliebe der Spanier für Eigentumswohnungen übernommen und sich dabei ebenfalls hoch verschuldet, was in Zeiten großer Arbeitslosigkeit soziale Probleme schaffen kann. Die Preise im Immobiliengeschäft sind in den vergangenen Jahren stärker gestiegen als in irgendeinem anderen Land Europas.

Unzählige Hotels und Apartmentanlagen wurden in den letzten Jahren an den Küsten gebaut, in den Hauptgebieten des ausländischen Tourismus. Der hektische Bauboom vor allem an der Mittelmeerküste hat viel Kritik im Land und jenseits der Grenzen hervorgerufen. Viele Bürgermeister kleiner Städte mussten sich wegen Korruption verantworten, weil sie für Umwidmungen in Bauland hohe Geldsummen von Immobilienfirmen und Bauunternehmen akzeptiert haben. Auch in der Nähe der Landeshauptstadt Madrid sind in manchen kleinen Dörfern Zehntausende von Wohnungen in großen Blöcken gebaut worden. Sie sind für Pendler gedacht, die in Madrid arbeiten, wo das Bauland und die Wohnungen beträchtlich teurer sind. Viele Wohnungen – zum Beispiel 30 000 in dem teuren Ferienort Marbella – wurden völlig illegal auf städtischen Grünflächen errichtet und sind für die einheimische Bevölkerung größtenteils unerschwingliche Spekulationsobjekte. Besonders die Region Valencia hat sich auf das Umwidmen von landwirtschaftlichen Zonen in Baugrund spezialisiert. In dem bis dahin 10 000 Einwohner zählenden Ferienort Benicàssim wurden auf diese Weise zwei Quadratkilometer für einen Golfplatz und 3000 Wohnungen gewonnen. Valencia wurde, obwohl eigentlich wohlhabend, viele Jahre aus europäischen Strukturhilfefonds bedacht, bis Brüssel und das Straßburger Europaparlament forderten, die regionalen Baugesetze den geltenden EU-Normen anzupassen. Die von der konservativen Volkspartei (PP) gebildete Regionalregierung beschloss als Antwort auf die europäische Forderung ein neues Baugesetz, das sich ebenso wenig an die europäischen Normen hält wie das vorherige.

Jeder auch noch so kleine Ort an der Mittelmeerküste möchte heute einen Golfplatz haben. Lokalpolitiker und Bauunternehmer verteidigen diese Projekte mit dem Argument, Golfspieler seien meistens wohlhabend, gehörten somit zum «Qualitätstourismus» und ließen viel Geld in ihren Ferienorten. Golfplätze brauchen allerdings viel Wasser, und das ist in der Region Valencia bekanntlich knapp. Bei den großen Demonstrationen gegen die geplante Ableitung von Wasser aus dem Ebro nach Valencia hörte man im Landesinneren häufig den leicht demagogischen Satz: «Unser Ebro-Wasser gehört nicht den reichen Golfspielern an der Küste.»

AUSWIRKUNGEN DER WELTWIRTSCHAFTSKRISE

Einige Zeit lang hatte man in Spanien gehofft, von der weltweiten Wirtschafts- und Finanzkrise, die im Herbst 2007 ihren Anfang nahm, weniger betroffen zu sein. Die großen spanischen Banken – Santander und BBVA sind die größten Finanzinstitute in der Euro-Zone – hatten sich äußerst vorsichtig gegenüber den nordamerikanischen Subprime-Hypotheken verhalten. Doch sind die Volkswirtschaften der westlichen Länder zu eng miteinander verflochten, als dass sich die eines einzelnen Landes in einer großen Krise retten könnte. Bankkredite sind auch in Spanien seit dem zweiten Quartal

2008 schwieriger zu erhalten. Das hat vor allem die vom schnellen Geld lebende Bauwirtschaft gespürt. Einige große Immobilienfirmen, die in der Erwartung, das Geschäft würde noch lange wie gewohnt weiterlaufen, falsch kalkuliert hatten, mussten Konkurs anmelden.

Mit der Krise am Bau schnellte die Zahl der Arbeitslosen in die Höhe. Ende August 2008 waren 11,3 Prozent der Erwerbsbevölkerung in Spanien ohne Arbeit; in der Europäischen Union lag der Durchschnitt bei 6,9 Prozent. Einer von vier jungen Leuten in Spanien unter 24 Jahren hatte keine regelmäßige Beschäftigung. Von der Arbeitslosigkeit am Bau sind die in den letzten Jahren ins Land gekommenen nordafrikanischen und iberoamerikanischen Gastarbeiter besonders betroffen. Die spanische Regierung hat in der Folge angeboten, das gesamte ihnen zustehende Arbeitslosengeld in zwei Raten auszuzahlen, wenn sie das Land verlassen und sich verpflichten, innerhalb von drei Jahren nicht nach Spanien zurückzukehren. Doch nur wenige nehmen dieses Angebot an. Als Arbeitslose mit gelegentlichen Schwarzarbeitsaufträgen leben sie immer noch besser als in ihren Heimatländern. Außerdem wäre eine vorzeitige Rückkehr das Eingeständnis eines Scheiterns.

Spanien, das zwischen 2005 und 2007 einen stolzen Überschuss im Staatshaushalt aufweisen konnte, hat nach langer Zeit Ende 2008 und 2009 wieder ein Defizit zu verzeichnen, bei einem Wirtschaftswachstum von nur gut einem Prozent.

ZUNEHMENDES UMWELTBEWUSSTSEIN

Lange haben die Spanier das Zubauen ihrer Küsten und die langen Reihen von Wohnblöcken mitten in der Landschaft ohne große Proteste hingenommen. Spanien sei groß genug und vergleichsweise dünn besiedelt, meinte man. Noch nimmt die Weite des Landes mit seinen Feldern und Wäldern den Reisenden gefangen, lässt ihn die Einsamkeit der weithin unberührten, zumindest nicht mit Dörfern zersiedelten Landschaft genießen und erinnert ihn nostalgisch an

Ländliche Szene vor den Toren
von Sevilla, trotz Bauboom auch
heute noch zu beobachten

frühere Zeiten. Doch seit einigen Jahren wächst die Sorge um die Erhaltung einer gesunden Umwelt. In großen Industriestädten wie Madrid, Barcelona und Bilbao konzentriert sich die Kontamination. Die Luftverschmutzung ist in Madrid besonders groß im Herbst, wenn auf der *Meseta*, der innerspanischen Hochebene, das monatelange Hochdruckklima alle Luftbewegungen verhindert hat und oft in sechs oder acht Monaten kein Tropfen Regen gefallen ist. Im November veröffentlichen die Zeitungen Stadtpläne mit der Höhe der Kontamination in den einzelnen Vierteln, und Radiosender empfehlen allen älteren Menschen mit Herz- oder Atemproblemen, ihre Wohnungen nicht zu verlassen.

Eine starke Umweltpartei ist in Spanien noch nicht entstanden. Der ehemals kommunistischen Vereinigten Linken haben sich zahlreiche grüne Politiker angeschlossen. Diese Partei hat Vorschläge, wie sie die grünen Parteien in anderen europäischen Ländern machen, in ihr Programm aufgenommen. Auch in anderen Parteien ist das Thema Umweltschutz nun auf der Tagesordnung; so sind Gesetze verabschiedet worden, die harte Strafen gegen Umweltverschandelungen durch Industriebetriebe vorsehen. Spanien hat allen Beschlüssen der Vereinten Nationen für den Klimaschutz und gegen Abgasemissionen zugestimmt.

Seit einigen Jahren bemüht sich das Land auch um den Ausbau der Versorgung mit erneuerbaren Energien. Inzwischen liegt Spanien bei der Gewinnung von Strom durch Wind an dritter Stelle nach den Vereinigten Staaten und Deutschland und deckt durch die Windenergie etwa zehn Prozent seines Stromverbrauchs. Die größte Chance im alternativen Energiebereich bietet sich dem Land durch die intensive Sonneneinstrahlung; es hat im Jahr dreimal so viele Sonnentage wie Deutschland. Trotzdem liegt das Sonnenland Spanien in der Nutzung von Solarenergie erst an vierter Stelle in Europa; zu lange wurde die Entwicklung von entsprechenden Anlagen vernachlässigt. Inzwischen haben spanische und vor allem auch deutsche Firmen kräftig in den Bau von Solaranlagen in Spanien investiert.

Derzeit sind sechs Atomkraftwerke mit insgesamt acht Reaktoren in Funktion, alle auf dem spanischen Festland, keines auf den Inseln. Der Anteil der Kernenergie an der gesamten spanischen Stromerzeugung liegt bei etwas über 20 Prozent. Die Regierung Zapatero will keine neuen Atomkraftwerke mehr bauen; die bestehenden sollen bis zum Auslaufen ihrer Tätigkeit Strom produzieren. Die spanischen Pläne sind somit ähnlich wie die der großen Koalition in Deutschland, könnten allerdings in den nächsten Jahren noch geändert werden. Befürworter der Atomenergie in Spanien meinen, dass trotz der Zunahme von Strom aus erneuerbaren Energiequellen der ständig anwachsende Energiebedarf in der spanischen Volkswirtschaft mehr Atomkraftwerke verlange.

HANDELSPARTNER DEUTSCHLAND

Eine Reihe von Versuchen deutscher Unternehmen, spanische Firmen zu übernehmen, ist gescheitert – vor allem an den Verhandlungsmethoden der Deutschen, die die Spanier als zu direkt und pragmatisch empfanden. So etwa die Gespräche von Lufthansa über eine Fusion mit der spanischen Fluglinie Iberia oder die Versuche der deutschen E.ON-Gruppe, den spanischen Stromversorger Endesa zu übernehmen, wobei im letzteren Fall die spanische Regierung dem Verkauf von Endesa an einen ausländischen Konzern von vornherein wenig Sympathien entgegenbrachte. Der deutsche Konzern schenkte unter Berufung auf die Normen des freien Wettbewerbs innerhalb der Europäischen Union dem Widerstand der Regierung keine Bedeutung und weigerte sich, mit ihr zu reden.

Schon 1983 wurde Eduardo Foncillas bei seiner Ernennung zum spanischen Botschafter in Bonn gesagt, seine wichtigste Aufgabe sei zunächst der Verkauf der staatlichen Automobilfirma Seat an den Volkswagen-Konzern. Die Alternative bedeute nämlich 300 000 Leute auf der Straße. Aber auch bei der Übernahme von Seat durch VW gab es zahlreiche atmosphärische Störungen. Der damalige spanische Industrieminister Croissier äußerte sich gelegentlich verärgert über die «ungehobelten Männer aus Wolfsburg».[31] Schließlich konnten die Spanier jedoch immerhin ihren Markennamen Seat und ein Design-Zentrum erhalten. Im Rahmen des VW-Konzerns gelang es ihnen, lohnende Stückzahlen zu produzieren, die Schließung der Seat-Automobilfabriken in Spanien wurde so verhindert.

Eine eigenständige Industrie mit überwiegend nationalem Kapital gibt es in Spanien kaum. Doch Autos sind ein wichtiger Exportartikel Spaniens, in der Autoherstellung steht das Land nach Deutschland und Frankreich an dritter Stelle in Europa. Die Eigentümer der Autofabriken sind große Konzerne aus Deutschland, Frankreich und den Vereinigten Staaten. Automobilhersteller aus aller Welt produzieren in Spanien mehr Kraftwagen, als in Italien oder Großbritannien hergestellt werden.

Nach dem Beitritt Spaniens zur Europäischen Gemeinschaft im Jahr 1986 verkaufte die deutsche Industrie mehr Waren in Spanien als jedes andere Land. Die Spanier brauchten vor allem Maschinen und Investitionsgüter und hatten im Gegensatz zu den anderen damals neuen EG-Mitgliedern – Portugal und Griechenland – ausreichend Geld, um diese zu bezahlen. Gut 20 Jahre danach teilen sich Frankreich und Deutschland den ersten Platz im Import aus und im Export nach Spanien. Als Spaniens staatliche Eisenbahn den ersten der neuen Hochgeschwindigkeitszüge – für die Strecke von Madrid nach Sevilla – baute, damals den schnellsten der Welt, teilte die Regierung González den Großauftrag an Unternehmen aus Deutschland und Frankreich auf, aus den Ländern, mit denen Madrid auch politisch die besten Beziehungen unterhält.

Die Handelsbilanz zwischen Deutschland und Spanien ist für Spanien negativ. Dank des Fremdenverkehrs ist aber die Devisenbilanz in manchen Jahren dennoch ausgeglichen. Im zweiten Halbjahr 2008 investierten spanische Firmen zum ersten Mal mehr in Deutschland als deutsche Firmen in Spanien. Vorher hatte schon der Madrider Baukonzern ACS das umfangreichste Aktienpaket der größten deutschen Baufirma, Hoch-Tief, gekauft. Hohe Summen haben die spanischen Banken und die großen Kommunikationsunternehmen seit Jahren in Brasilien und den hispanoamerikanischen Ländern investiert. Spanien wurde so in manchen Jahren noch vor den Vereinigten Staaten zum größten Investor in Lateinamerika.

WIRTSCHAFTSFAKTOR TOURISMUS

Spaniens wichtigster und sicherster Wirtschaftssektor wird auch in Zukunft der Fremdenverkehr bleiben. Mit über 3000 Kilometern Küste, einem teilweise unberührten Inland mit zahlreichen mittelalterlichen Burgen und zum Teil noch archaischen Lebensformen, dazu einem sonnenreichen Winter auf den Kanaren ist Spanien in der europäischen Tourismusindustrie mit seinen Unterkünften für viele Millionen Besucher unentbehrlich. Ohne Spanien würden viele

Bettenburgen am Strand von Torremolinos. Schon Mitte der 70er-Jahre kamen jedes Jahr mehr Touristen an Spaniens Sonnenküste

touristische Unternehmen in Europa bankrottgehen. Allein die Insel Mallorca verfügt über mehr Unterkünfte für Fremde als ganz Griechenland. Die Besucherzahlen schwanken, je nach der wirtschaftlichen Lage in Großbritannien, Deutschland und Italien, welche die meisten Touristen nach Spanien schicken; doch sind diese Schwankungen bisher minimal. Alljährlich liegt die Besucherzahl über der Einwohnerzahl (46,5 Millionen) Spaniens und ist so die zweithöchste unter allen Ländern der Welt.

In den 60er-Jahren hatte Francos Minister für Information und Tourismus, Manuel Fraga Iribarne, zur Werbung für den damals einsetzenden Fremdenverkehr den Slogan «Spain is different» erfunden. Spanien war zu jener Zeit, wenn man es so sehen wollte, tatsächlich anders als das übrige Europa, war idyllischer und wirkte altertümlicher, auch weil es rückständiger war als die technologisch weiter fortgeschrittenen Nachbarländer.

Heute will Spanien nicht mehr anders sein als die Nachbarstaaten, sondern ein ganz normales europäisches Land. Der frühere Ministerpräsident Felipe González erklärte in den 80er-Jahren häufig, dass Spanien nun endlich die Gelegenheit habe, den jahrhundertealten Rückstand zu Europa aufzuholen, und diese Chance nutzen müsse. Der 2004 gewählte Regierungschef José Luis Rodríguez Zapatero verkündete stolz, dass Spanien im Sozialprodukt Italien schon überholt und sich als nächstes Ziel gesetzt habe, Frankreich einzuholen. Das einst so arme und rückständige Spanien will bald zu den drei wirtschaftlich stärksten Nationen Europas gehören. Im optimistischen Blick in die Zukunft lassen sich die Spanier von kaum einem anderen Volk überbieten.

ANHANG

ZEITTAFEL

1469	Vermählung der Prinzessin Isabella von Kastilien mit dem Prinzen Ferdinand von Aragonien
1492	Rückeroberung des Königreichs Granada, der letzten Bastion der Mauren, durch das Katholische Königspaar; Entdeckung Amerikas durch die Spanier unter Führung von Kapitän Christoph Kolumbus; Ausweisung der Juden aus Spanien; Erscheinen der erste Grammatik der spanischen Sprache von Antonio Nebrija
1504	Tod der Königin Isabella I. von Kastilien
1516	Tod König Ferdinands II. von Aragonien
1520	Karl I. von Spanien wird als Karl V. zum Kaiser gekrönt
1521	Eroberung des Aztekenreiches durch Hernán Cortés
1524	Gründung des *Consejo de Indias* (Rat mit juristischen Kompetenzen für das neu entdeckte Amerika)
1533	Francisco Pizarro erobert das Inkareich
1542	Verkündung der Neuen Gesetze für Spanisch-Amerika (*Leyes Nuevas de Indias*): Die Indios werden den Europäern rechtlich gleichgestellt
1550	Debatte zwischen Bartolomé de las Casas und Juan Ginés de Sepúlveda vor Karl V.: Die Indianer werden zu mit den Weißen gleichberechtigten Menschen erklärt
1556	Abdankung Karls V., der zwei Jahre später stirbt
1556–1598	Philipp II. regiert das spanische Weltreich
1561	Madrid wird ständiger Sitz des Hofes
1580	Anschluss Portugals an die spanische Krone
1605	Der erste Teil des «Don Quijote de la Mancha» von Miguel de Cervantes erscheint
1668	Bestätigung der Unabhängigkeit Portugals
1701–1715	Spanischer Erbfolgekrieg

1759–1788	Regierung Karls III. von Spanien
1808	Einmarsch der napoleonischen Truppen in Spanien
1808–1814	Spanischer Unabhängigkeitskrieg
1812	Liberale Verfassung von Cádiz
1814–1833	Regierung Ferdinands VII.
1816–1825	Unabhängigkeit der spanischen Kolonien (außer Kuba, Puerto Rico und den Philippinen)
1833–1840	Erster Karlistenkrieg
1843–1868	Regierungszeit Isabellas II.
1847–1849	Zweiter Karlistenkrieg
1868	«Glorreiche Septemberrevolution» (*La Gloriosa*) unter maßgeblicher Führung der fortschrittlichen Liberalen; Sturz Isabellas II.
1872	Spaltung der Arbeiterbewegung in Anarchisten (Mehrheit) und Marxisten (Minderheit)
1872–1876	Dritter Karlistenkrieg
1873–1874	Erste Republik
1874	Wiederherstellung der Bourbonenmonarchie durch Militärputsch
1874–1923	Restauration
1879	Gründung der Spanischen Sozialistischen Arbeiterpartei (PSOE)
1888	Gründung der sozialistischen Gewerkschaft Allgemeine Arbeiterunion (UGT)
1898	Krieg zwischen Spanien und den USA, Verlust der letzten überseeischen Kolonien Kuba, Puerto Rico und Philippinen; Bewegung der «Generation von 1898»
1909	«Tragische Woche» (*semana trágica*) in Barcelona
1910	Gründung der anarcho-syndikalistischen Gewerkschaft CNT
1923–1930	Diktatur von Miguel Primo de Rivera
1931–1939	Zweite Republik
1931	Neue Verfassung (9. 12.) und Wahl Alcalá Zamoras zum Staatspräsidenten (10. 12.)
1933	Gründung der Falange unter José Antonio Primo de Rivera
1936	Sieg der Volksfront (16. 2.); Übernahme des Präsidentenamtes durch Manuel Azaña
1936	Erhebung der rechten Militärs unter Franco und Beginn des Bürgerkriegs (18. 7.)
1939–1975	Diktatur des Generals Francisco Franco nach seinem Sieg im Bürgerkrieg

1939	Beginn des Zweiten Weltkriegs: Spanien erklärt zuerst seine Neutralität und nimmt 1940 den Status einer «nichtkriegsführenden» Nation an
1947	Referendum über das Nachfolgegesetz (Spanien wird erneut Monarchie, aber noch ohne König)
1953	Konkordat mit dem Vatikan; Vertrag über die Einrichtung US-amerikanischer Militärbasen in Spanien
1955	Wiederaufnahme Spaniens in die UNO
1962	Kongress der Europäischen Bewegung in München unter Teilnahme der spanischen Opposition
1965	Verbreitete Studentenunruhen; heftige Repression; Amtsenthebung regimekritischer Professoren
1969	Ernennung von Prinz Juan Carlos de Borbón zum zukünftigen Nachfolger Francos
1973	Tödliches Attentat auf den Regierungschef Luis Carrero Blanco
1975	Tod Francos (20. 11.); Proklamierung von Juan Carlos zum König von Spanien (22. 11.)
1977	Erste demokratische Wahlen: Sieg der demokratischen Zentrumsunion (UCD) unter Adolfo Suárez
1978	Ausarbeitung und Verabschiedung der neuen Verfassung sowie Bestätigung durch eine Volksabstimmung
1981	Rücktritt von Adolfo Suárez als Regierungschef; Staatsstreichversuch von Teilen der militarisierten Guardia Civil-Polizei und des Offizierskorps
1982	Beitritt zur NATO Felipe González (PSOE) spanischer Ministerpräsident
1986	Mitgliedschaft in der EG
1989	Die 1976 gegründete konservative Alianza Popular (AP) wird umbenannt in Partido Popular (PP)
1991	Teilnahme Spaniens am Schengener Abkommen
1996–2004	José María Aznar (PP) spanischer Ministerpräsident
2003	Die Regierung Aznar beteiligt sich an der Invasion der Amerikaner im Irak; Millionen Spanier protestieren gegen den Irak-Krieg
2004	Islamistische Attentate fordern 191 Todesopfer in Madrid (11. 3.); José Luis Rodríguez Zapatero (PSOE) zum Ministerpräsidenten gewählt (14. 3.)
2008	Zweiter Wahlsieg Zapateros (9. 3.)

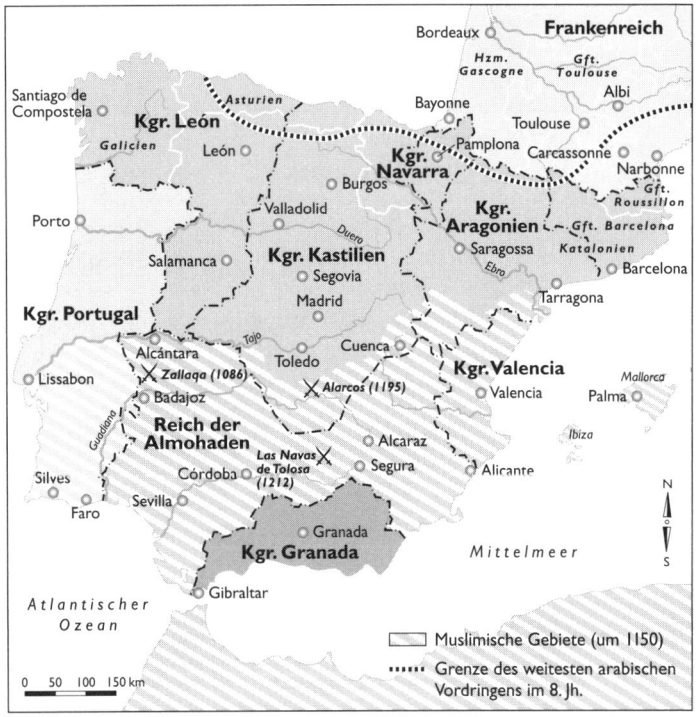

Die Mauren in Spanien
vom 8. bis zum 13. Jahrhundert

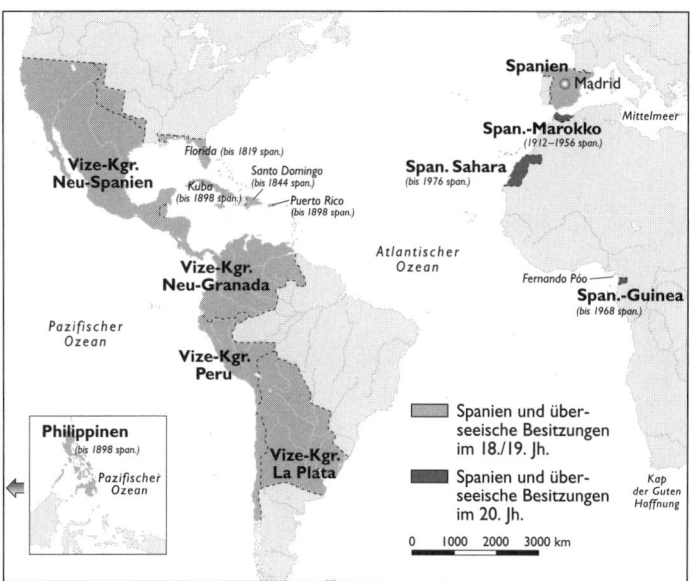

Spanischer Besitz vom 18. bis zum 20. Jahrhundert. Aus den Vize-Königreichen entstanden im Laufe des 19. Jahrhunderts die neuen unabhängigen iberoamerikanischen Republiken

Spanien und seine Regionen und
Provinzen heute

ANMERKUNGEN

1 Adolfo Suárez im Gespräch mit dem Autor im September 1976. Vgl. Haubrich, Walter: Spaniens schwieriger Weg in die Freiheit. Bd. 2: 1975–1977, Berlin 1997, S. 161–163.
2 Frankfurter Allgemeine Zeitung vom 30.1.1981.
3 Juan Carlos I./Walter Haubrich: Rede vom 23. Februar 1981, Hamburg 1992, S. 8 und 15.
4 La Vanguardia vom 2.3.2007.
5 El País Semanal vom 18.1.2009.
6 Beide Äußerungen Francos hat Ridruejo dem Autor in einem Gespräch in Madrid mitgeteilt.
7 So Franco in zahlreichen Reden, zuletzt am 1.10.1975.
8 Collado Seidel, Carlos u.a.: Spanien: Mitten in Europa. Zum Verständnis der spanischen Gesellschaft, Kultur und Identität, Frankfurt a. M./London 2002, S. 99 ff.
9 Brief von de las Torres an Serrano Súñer, zitiert bei Ignacio Espinosa de los Monteros: Hendaya y la segunda guerra mundial (unveröffentlichtes Manuskript), S. 82–84.
10 Ciano, Galeazzo: Ciano's Diary 1937–1938, London 1952, zitiert bei Paul Preston: Franco, Barcelona 1994, S. 496.
11 20.12.1942 und 1.11.1940, in: Goebbels, Joseph: Tagebücher. Bd. 4, hrsg. von Ralf Georg Reuth, München 1992, S. 1853 u. S. 1492.
12 1.4.1941, in: Goebbels: Tagebücher, S. 1551.
13 Zitiert bei Aschmann, Birgit: Treue Freunde? – Westdeutschland und Spanien 1945 bis 1963, Stuttgart 2000, S. 221.
14 Schildberg, Cäcilie: Das Verhältnis von deutscher Sozialdemokratie und spanischen Sozialisten nach dem Ende des Franco-Regimes, Magisterarbeit, Bochum 2004, S. 60 (Veröffentlichung in Vorbereitung).
15 Zitiert in Diccionario de Historia de España, Bd. III, Madrid 1979, S. 456.
16 Callahan, William J.: La Iglesia Católica en España (1875–2002), Barcelona 2002, S. 282.
17 Callahan: La Iglesia Católica en España, S. 378.
18 Vgl. Haubrich: Spaniens schwieriger Weg in die Freiheit. Bd. 2, S. 20f.
19 Joll, James: Los anarquistas, Barcelona 1976, S. 211.
20 Enzensberger, Hans Magnus: Der kurze Sommer der Anarchie, Frankfurt a. M. 1972.
21 Joll: Los anarquistas, S. 245.
22 Malraux, André: L'Espoir, Paris 1996, S. 315–401.

23 Octavio Paz im Gespräch mit dem Autor, Mexiko-Stadt, April 1985. S. auch Paz' Aufsatz: Literatur der Konvergenz, in: ders.: Zwiesprache. Essays zu Kunst und Literatur, Frankfurt a. M. 1984, S. 225.
24 Madariaga, Salvador de: España: Ensayo de Historia contemporánea, Madrid 1979, S. 40.
25 Felipe González im Gespräch mit dem Autor, Madrid 1992.
26 Vgl. Kügler, Clementine: Spanischer Mohn mit vielen Stacheln. Das Leben der Schriftstellerin und Sozialistin María Lejárraga, in: Frankfurter Allgemeine Zeitung vom 11. Juni 2005.
27 José María Aznar 2006 im Gespräch mit dem Autor.
28 Pérez Galdós, Benito: Cánovas (Episodios Nacionales, Bd. 46), Madrid 1912, S. 130.
29 Zitiert in Frankfurter Allgemeine Zeitung vom 3.1.1992.
30 Zitiert in Frankfurter Allgemeine Zeitung vom 5.10.1991.
31 Luis Carlos Croissier im Gespräch mit dem Autor in Madrid im Oktober 1987.

LITERATURHINWEISE

Aschmann, Birgit: Treue Freunde? – Westdeutschland und Spanien 1945 bis 1963 (Historische Mitteilungen, Beiheft 34), Stuttgart 2000.

Bernecker, Walther L.: Spaniens Geschichte seit dem Bürgerkrieg, München 1988.

Bernecker, Walther L. / Brinkmann, Sören: Kampf der Erinnerungen – Der Spanische Bürgerkrieg in Politik und Gesellschaft 1936–2006, Nettersheim 2006.

Bernecker, Walther L. (Hg.): Spanien heute – Politik, Wirtschaft, Kultur, Frankfurt a. M. 2008.

Buñuel, Luis: Mein letzter Seufzer. Erinnerungen, Königstein 1983.

Collado Seidel, Carlos: Der Spanische Bürgerkrieg – Geschichte eines europäischen Konflikts, München 2006.

Frey, Peter: Spanien und Europa – Die spanischen Intellektuellen und die Europäische Integration, Bonn 1988.

Goytisolo, Juan: Spanien und die Spanier, Frankfurt a. M. 1982.

Haubrich, Walter / Moser, Carsten R.: Francos Erben – Spanien auf dem Weg in die Gegenwart, Köln 1976.

Haubrich, Walter: Spaniens schwieriger Weg in die Freiheit, 5 Bde., Berlin 1995–2006.

Heine, Hartmut: Geschichte Spaniens in der frühen Neuzeit 1400–1800, München 1984.

Herzog, Werner: Spanien, München ⁴1998.

Jackson, Gabriel: Annäherungen an Spanien 1898–1975, Frankfurt a. M. 1982.

Juan Carlos I. von Spanien: Rede am 23. Februar 1981. Mit einem Essay von Walter Haubrich, Hamburg 1992.

Koestler, Arthur: Ein spanisches Testament. Aufzeichnungen aus dem Bürgerkrieg, Frankfurt a. M. 1980.

Madariaga, Salvador de: España: Ensayo de Historia contemporánea, Madrid 1979. (Dt. Ausgabe: Spanien, München 1979.)

Semprún, Jorge: Federico Sánchez – Eine Autobiographie, Hamburg 1978.

Souchy, Augustin: Anarcho-Syndikalisten über Bürgerkrieg und Revolution in Spanien. Ein Bericht, Darmstadt 1969.

Vicens Vives, Jaime: Geschichte Spaniens, Stuttgart 1969.

Vilar, Pierre: Spanien – Das Land und seine Geschichte von den Anfängen bis zur Gegenwart, Berlin ³2000.

Viñas, Angel u.a.: Der Spanische Bürgerkrieg – Eine Bestandsaufnahme, Frankfurt a. M. 1987.

Wahl, Fritz: Kleine Geschichte Spaniens, Frankfurt a. M. ²1971.

Waldmann, Peter (Hg.): Diktatur, Demokratisierung und soziale Autonomie, München 2003.

BILDNACHWEIS

Agentur EFE: S. 13
Marisa Florez/El País S.L.: S. 21
Barbara Klemm: S. 28, 49, 63, 114, 150, 160, 164
Museo Naval, Madrid: S. 70

Karten: Peter Palm, Berlin: Vorsatzpapiere, S. 170–172

Die übrigen Abbildungen stammen aus dem Archiv des Verlags.

Leider war es nicht in allen Fällen möglich,
die Inhaber der Rechte zu ermitteln.
Wir bitten deshalb gegebenenfalls um Mitteilung.
Der Verlag ist bereit, berechtigte Ansprüche abzugelten.

© Verlag C. H. Beck oHG, München 2009
Gestaltung und Satz: a.visus, Michael Hempel, München
Gesetzt aus Stone und Gill
Druck und Bindung: CPI – Ebner & Spiegel, Ulm
Gedruckt auf säurefreiem, alterungsbeständigem Papier
(hergestellt aus chlorfrei gebleichtem Zellstoff)
Printed in Germany
ISBN 978 3 406 57845 8

www.beck.de